2015年同文书库·鼓浪屿历史文化系列

厦门市委宣传部 厦门市社科联 编

颜允楙
颜如璇 颜园园
著

鼓浪屿侨客

厦门大学出版社 国家一级出版社
XIAMEN UNIVERSITY PRESS 全国百佳图书出版单位

1929年10月，周淑安受聘担任上海国立音专
声乐组主任。（引自《中国音乐网》）

周淑安任教沈阳音乐学院时，为学生上课。（1962年）（华侨博物院供图）

画家周廷旭获奖无数却命途多舛。
（何丙仲供图）

1936年林语堂举家移居美国，此为船靠旧金
山时留影。（华侨博物院供图）

黄望青大使偕夫人在国事活动中。（引自《从鼓浪屿到新加坡》）

1921年黄奕住（2排左6）在上海创办中南银行，此为创立会合影。
（华侨博物院供图）

李清泉夫人颜敕与女儿在鼓浪屿榕谷别墅花园里。（白桦供图）

从鼓浪屿走出的三姐妹王素虹（前排左1）、周明真（后排左3）、王素月（后排左1），相继嫁给新加坡实业家、华侨领袖陈嘉庚的三位公子，亲上加亲成了三妯娌。（新加坡陈立人供图）

银行家周莲生之女周明真与华侨领袖陈嘉庚之子陈元凯喜结秦晋之好。
（选自周明真相册，新加坡陈佩仪供图）

林语堂与廖翠凤长达57年的婚姻生活，相知相伴未曾稍离。（华侨博物院供图）

1928年2月，殷碧霞（前排左4）、林文庆（前排右1）与陈嘉庚（前排左7）在新加坡欢迎国民党元老胡汉民（前排左8）、孙科（前排左6）等。（华侨博物院供图）

1935年华侨巨商黄奕住之女黄萱与厦门名绅周殿薰之子、医学博士周寿恺喜结良缘，恩爱一生，荣辱相守。（引自《周寿恺教授诞辰一百周年》）

　　"国民之魂，文以化之；国家之神，文以铸之"。文化是一个民族的根，一个民族的魂，是国家发展、民族振兴的重要支撑。当今时代，文化越来越成为民族凝聚力和创造力的重要源泉、越来越成为综合国力竞争的重要因素。

　　厦门是一个具有一定历史文化积淀的现代化港口风景旅游城市，物华天宝，人杰地灵，形成了瑰丽多姿的文化和丰富独特的文化遗产。鼓浪屿素有"海上花园"、"万国建筑博览"、"音乐之乡"、"钢琴之岛"之美誉，是国家级重点风景名胜区。在历史的发展过程中，近现代中西文化在这里汇聚融合，造就了一种既具有深厚的闽南文化传统又具有浓厚西洋文化特色的文化形态和风格，是厦门独特的历史文化的浓缩和代表。

　　为进一步研究、保护、传承鼓浪屿历史文化，市委宣传部、市社科联聘请了生于鼓浪屿、长于鼓浪屿的福建省社科院原副院长、资深文史专家黄猷先生为总审稿人，联合组织专家学者精心策划、精心研究、精心编撰出版《厦门社科丛书——鼓浪屿历史文化系列》。《丛书》以史话、建筑、音乐、公共租界、侨客、教育、学者等专题为主要内容，较客观准确地介绍了鼓浪屿历史文化和风土人情，充分展现了鼓浪屿深厚的文化底蕴和独特魅力，是一套系统研究鼓浪屿历史文化的史料读本和百科全书。相信《厦门社科丛书——鼓浪屿历史文化系列》的出版发行，对于传承、弘扬鼓浪屿历史文化和厦门特色文化，提升厦门市民的人文素质和城市文化软实力以及鼓浪屿申请世界非物质文化遗产都具有重要的意义和积极的作用。

中共厦门市委常委、宣传部长

洪碧玲

2010 年 1 月

序

承嘱为《鼓浪屿侨客》作小序。

我想首先为它作个解题。

鼓浪屿有抢眼的华侨大宅院和别有风格的洋房别墅，第一次世界大战结束前后南洋富豪携巨资回来，托足鼓浪屿谋求新发展，或有意终老于斯者非仅黄奕住一人；20—30年代安家鼓浪屿，自己闲时或来此过一段优游生活的殷商更比比皆是。但他们都不是从鼓浪屿出去的。19—20世纪之交，闽南出现"下南洋"大潮时，鼓浪屿"公共租界"正在开辟，它吸纳着劳动力而不输出劳动力。所以，以后为鼓浪屿带来了一段大好时光的，就不是衣锦还乡的归侨，而是择地受廛的五方来客，且大多并没有与鼓浪屿厮守一辈子，故称"侨客"。本来，侨并不专指出国华侨，凡寄居异地的都是。历史上还有所谓"侨县"，即战乱中将整个县的建制暂时移设他处，而仍沿用原名。但现在"侨"与"华侨"已成通用词，故本书不涉及割台前定居鼓浪屿的台湾茶商、割台时内渡的官绅人等。这也是要提一下的。

鼓浪屿人出国也早，但是另一类移民。洋学堂的学生渴求更多的新知识，先是到上海、京津，仍然不能满足，就远渡重洋到欧、美留学去了。有外国差会为其培养对象安排的，也有新兴商人阶层把自己的子女送出去的，大抵与"下南洋"大潮同时。稀稀落落各自出去，也少人注意，但后来都有成就。回来了也不张扬，在自己的业务范围内认认真真做事。鼓浪屿太小，容不下他们，他们则在别的地方按照早年在鼓浪屿养成的生活方式生活着，也不常回家看看。由于战争和各种社会因素，许多人先后又出国去了，连同他们的下一代，从此就和鼓浪屿互相失落了。与此同时或稍后，鼓浪屿另有一批人去南洋办报、教书，从事文化和社会活动，也颇有作出一番事业的。还有把企业发展到南洋而取得成功的。这些人最后也都留在那里了。这是从鼓浪屿走出去的"侨客"。

历史让鼓浪屿招来了南洋华侨顶尖的人物、充裕的财富，但而今只剩下一个颓败的躯壳。历史让鼓浪屿的青年才俊很容易就跨越了传统与地域上的限制，汇入世界潮流，但其结果是，五洲四海的风云把他们淹没了。于是，鼓浪屿回到了步履艰难的中国母亲的怀抱。这就告诉鼓浪屿人，要重新开始。凡不是自己在自己土地上创造的文明，不论是物质的还是精神的，都是会流失的。一心感旧的破落户是没有出息的，移花接木也塑造不出一个新的鼓浪屿。鼓浪屿的未来在立人。所立之人，要比当年得风气之先的鼓浪屿人更开阔又更自尊，更进取又更踏实，更敏锐又更执著。这些话已超出解题的范围，但似乎也是解题中应有之义。

黄　猷

鼓浪屿
侨客

目录
CONTENTS

回望鼓浪屿

　　鼓浪屿，中国东南沿海的一个小岛，地处厦门市西南隅，距厦门岛仅一湾直线距离不足 600 米的海峡，全岛面积 1.78 平方公里。明末清初至今，岛上常住人口一直徘徊在数千至万人之间，极少突破两万（抗日战争初期厦门沦陷时是个例外，当时难民蜂拥涌入这个相对安全的租界小岛，岛上人口暴增至十多万。1941年太平洋战争爆发，鼓浪屿亦随之沦陷，其后数年难民逐渐回乡，岛上人口又趋于常规状态）。

　　如果没有中国近代发生的一系列重大事件，鼓浪屿也许和中国的无数岛屿一样，在历史的大潮中随波逐流，到今天，只是众多海上旅游线路中的一个美丽的旅游景点而已。

　　但是，鼓浪屿是与众不同的，它注定要蜚声中外。

　　1840 年，鸦片战争爆发。1841 年 8 月，英国舰队攻占鼓浪屿并在岛上驻军。1842 年，《中英南京条约》把厦门辟为五口通商口岸之一，于是，常被海上轻雾笼罩的鼓浪屿逐渐向世界撩开它神秘的面纱。

　　西方征服者很快看上了这个美丽的小岛。1843 年 10 月，英国率先在鼓浪屿设立"英国领事事务所"，首任领事居然是英军的炮舰舰长。随后直至鼓浪屿沦为公共租界的 1903 年，德国、美国、法国、日本、荷兰、西班牙、奥地利、比利时、丹麦、挪威、葡萄牙、瑞典等国家先后在鼓浪屿派驻领事。

　　19 世纪西方国家工业化迅速发展，掠夺殖民地资源需要大量的劳动力，他们在中国一些沿海地区干起了贩卖人口的勾当，这就是世界移民史上臭名昭著的"猪仔贸易"[1]。随着一系列不平等条约的签订，西方列强在中国掳掠贩卖华工的活动披上了合法化的外衣。英商德记洋行与英商和记洋行在鼓浪屿设有"猪仔馆"，将从各地掳掠、拐骗来的契约华工[2]集中关押，再成批押送到停泊在外港的货船底舱，运往外国出售。这里一度成为掠卖、运送契约华工的中心，而这也成为鼓浪屿一段无法抹去的屈辱记忆。

随着鼓浪屿的门户被打开，来岛上定居的外国人逐渐增加，他们中有领事馆官员、传教士、水手、医生等。据史料，居住在鼓浪屿的外国人，1847 年有 20 多人，1890 年有 100 多人，1909 年更激增达 250 人之多。

与此同时，基督教、天主教的传教活动也全面铺开，西方传教士以鼓浪屿为桥头堡，积极向闽西南扩展势力。1842 年 2 月，美国归正教会率先进入鼓浪屿设立教会；1844 年，英国伦敦差会（又名自由教会、伦敦公会）来厦创设；1850 年，英国长老会在鼓浪屿创办。以上三个教会后来联合组成"三公会"。此外，天主教、美国安息日会、美国长老会等也在岛上传教并设立教堂。

基督教、天主教越来越深入地渗透到鼓浪屿社会生活的方方面面，创办教会学校势在必行。择其要者，有英国伦敦公会系统的福民小学、澄碧中学；英国长老会系统的英华书院（后改名为英华中学，只收男生）、怀仁女学、怀德幼稚师范学校和幼稚园；美国归正教系统的毓德女子小学和中学、养元小学；美国安息日会系统的美华学校和西班牙天主教系统的维正小学；日本系统的日本小学；还有美国归正教会和英国长老会联合创办的寻源书院等。教会创办的学校多为义学，不收学杂费，有的甚至还发给膳食和杂费补贴，这就使更多的穷苦孩子有了受教育的机会，其中成绩特别优异者，日后还被教会送往国外留学。

一批批鼓浪屿的孩子进了教会学校，他们学习英语，朗诵《圣经》，必修课程还有天文、地理、生理学等。随着知识的积累，孩子们感受到在小岛外面存在的世界，对他们而言，那是一个陌生的世界，神秘却又充满诱惑。

于是，登上离岛的渡轮，一个又一个鼓浪屿儿女踏上了漂洋过海的求学之旅，他们在科学王国里上下求索，在艺术殿堂里攀蟾折桂，几番拼搏之后，他们有的著书授业，教泽绵长；有的掌握现代医学，救死扶伤；有的成为富商巨贾；有的跻身政界名流；更有学成归国、为祖国的建设发展作出卓越贡献者。但几无例外的是，他们施展才华的舞台或在异国他乡，或在国内的主要城市——鼓浪屿毕竟太小了。对这些游子来说，鼓浪屿是他们人生的摇篮，是起跑线，更是晚年梦中的一抹亮色。

二

19世纪中叶，在闽南乡村，一股漂洋过海、到南洋谋生的浪潮悄然兴起。

19世纪60年代，清王朝风雨飘摇，社会动荡，经济凋敝。闽南农村地少人多，资源不足，而且灾害连连，加上列强入侵，极大地冲击着自给自足的自然经济，大批破产农民和失业的手工业者无以为生。时值资本主义上升阶段，西方殖民主义者为了掠夺东南亚的原料和开发市场，需要大量从事原料生产的劳动力和数量可观的中介商人来替他们收购原料和销售欧洲工业产品。就这样，在国内走投无路的困顿与国外劳动力奇缺的需求所形成的"推力"和"引力"的作用下，这些破产农民和失业的手工业者加入了正方兴未艾的移民潮，远离故土，"过番"南洋谋求生路。

来到南洋的闽南华侨，筚路蓝缕，艰辛创业，无论是在种植园、矿场劳作，或是从事小规模的开荒种植、水路运输，还是充当肩挑小贩，经营小作坊、小卖店，他们凭着中国人固有的勤劳、诚信、智慧和勇气，一步一个脚印，一步一个台阶，在建设居住国、改变居住国经济状况的同时，也逐步改变了自己与家族的命运，其中有的还成了雄踞南洋的企业家、银行家和商界巨子。

然而，在这过程中，他们备尝殖民主义、帝国主义的歧视、迫害和奴役。寄人篱下的悲惨遭遇、弱国小民的切肤之痛，使他们深深领悟到：祖国的强弱与海外游子的命运息息相关，没有富强的祖国做后盾，就不能摆脱受歧视、受压榨的命运。因此，祖国的兴衰安危牵动着他们的心，家乡发展的需要左右着他们的选择。无论是推翻帝制、创立民国的辛亥革命，或是振兴经济、救亡图存的实业救国运动，都有他们奋勇且执著的身影。

第一次世界大战爆发，各个帝国主义国家忙于厮杀和掠夺，暂时对南洋殖民地疏于管控，东南亚华商欣逢经济发展的黄金时代，他们抓住机遇积累了不少资金。然而第一次世界大战结束后，殖民当局立即回过头来对华商加强控制，限制经营、增加税赋，新的压迫又开始了。

随着在居住国境遇的日渐艰难，华商的民族意识愈加高涨，他们更加怀念家乡，更加向往祖国。本来，衣锦还乡、福荫亲族、造福桑梓就是他们长期以来的愿望和梦想，在得知八闽大地正在开始近代工业与城市建设时，回归家乡、建设家园的念头便潮水一般在胸中涌动激荡，不少华商把目光投向了距家乡不远的厦门，投向了与厦门一水之隔的鼓浪屿。

三

1902 年中国政府被迫同日、美、德等签订了《厦门鼓浪屿公共租界章程》，鼓浪屿被列强正式确定为公共租界。

1903 年起，西方列强在鼓浪屿设立"领事公堂"、"工部局"和"会审公堂"等机构，对鼓浪屿全面行使其行政管理权和司法管辖权。鼓浪屿沦为他们共同统治的"殖民地"。

今天，当我们的目光穿越时空的阻隔，回望 100 多年前的福建、厦门和鼓浪屿时，可以看到，工部局设立以后，列强更加有恃无恐，通过种种渠道攫获巨大的利益。然而，我们也应该承认，工部局的管理是卓有成效的。

工部局详尽地制订了"规例"、"律例"，用卫生、礼貌、环保等较为进步的理念规范社会秩序，约束鼓浪屿居民的行为举止，尽管其中有相当部分与居民原本的习俗是相悖的，但在工部局的强势坚持和推动下，岛上居民在百般无奈中接受外族的整肃与驯化。日复一日，原有的社会秩序渐次为一种新的秩序所取代。而在旅居海外多年的闽南籍华侨眼中，工部局治下的鼓浪屿显示着有序、包容和活力，而且，岛上新式学校的教育对日后子女重返居住国的升学、就业、发展等等，无疑更易接轨、更易适应。所以，尽管他们的祖籍就在邻近鼓浪屿的闽南乡村，但家乡战乱频仍，匪盗猖獗，他们不约而同地选择来到这个在当时相对开放、相对安全的小岛定居、发展。

第一次世界大战结束后，一大批祖籍闽南的东南亚华侨移居鼓浪屿，他们中不乏富商巨贾、各国侨领，堪称是东南亚华侨中的佼佼者，这一群体几乎代表了一个完整的华侨时代。正是他们将海外的资本转移回来投入到祖国急需的近代化建设上，为民族工商业的起步和发展写下了重要的一笔。也是他们在鼓浪屿兴建了1000多幢中西合璧、美轮美奂的别墅，直至今日仍是鼓浪屿最亮丽的风景线。

就这样，他们从鼓浪屿出发，兴办实业、投资金融业以及市政等公共建设，辐射厦门乃至全国。

就这样，出洋求学的游子，叶落归根的华侨，在这1.78平方公里的小岛上演绎了一段传奇，一段无法再复制的历史。

让我们怀着敬畏之心，走进这段历史。

注释：

[1]"猪仔贸易"指 19 世纪至 20 世纪上半叶，西方殖民主义者在中国沿海地区进行的诱骗、掳掠和贩卖华工的活动。"猪仔"是对华工的侮称。

[2]"契约华工"指与外国雇主或其代理人（劳务中介商）订立契约，到海外为雇主（殖民者、种植园主、矿场主等）从事劳役的中国劳工；劳役期内没有人身自由。

走向世界篇

1973 年，国际知名的语言学大师、中国现代语言学的奠基者之一、旅美学者赵元任回国探亲访问，国内各有关部门以极高规格接待了这位著名学者，周恩来总理还抱病接见了他。后来，赵元任对朋友说："我这次回国虽有各界的热情招待和周恩来总理的亲自接见，但整个旅程的顶峰，却是与周淑安的会面。"

周淑安何许人也，竟然在学界泰斗赵元任心中有如此重要的位置？

周氏三杰

周淑安（1894—1974），又名胡周淑安，中国现代第一位专业声乐教育家、第一位合唱女指挥家，中国现代音乐事业的先驱者之一。

周淑安 1894 年 5 月 4 日生于鼓浪屿一个基督教牧师家庭，她的音乐天赋从小就显露出来，尽管当时鼓浪屿并没有正规的音乐教育，但跟着在教堂弹钢琴的二姐，周淑安学会了弹琴和唱歌。1907 年，周淑安考入鼓浪屿女子师范学校。1908 年 10 月，在厦门各界人士欢迎美国舰队的招待会上，年仅 14 岁的周淑安用英语领唱美国国歌，技惊四座，美国舰队司令额墨利赞赏说："就是美国小孩，也很少唱得这么好。"

从女子师范学校毕业后，周淑安于 1912 年赴上海就读特别重视音乐教育的上海中西女塾。1914 年，清华学校招考第一届女子公费留学生，周淑安报名应试。尽管十项考试中有她从未学过的法语，但突击学习两个月后，居然全部课程顺利过关，成为我国第一批 10 名公费留美女学生之一。

在美国，周淑安在哈佛大学拉德克利夫女子学院学习，主修美术、音乐和语言，1919年获得哈佛大学文学士学位，同时，她还在波士顿新英格兰音乐学院进修声乐、钢琴和视唱课程。1919—1920 年，她又到纽约音乐学院进修声乐。1921 年回国，先后在广州女子师范学校、上海中西女塾、厦门大学等校任教。1927 年秋，周淑安再次去美国与丈夫团聚，并在巴尔的摩匹巴底音乐学院师从意大利著名声乐家、声乐系主任米涅蒂进修声乐。1928 年回国

声乐教育家、作曲家、指挥家、中国现代音乐事业的先驱者周淑安。（华侨博物院供图）

后，任上海国立音乐专科学校教授兼声乐组主任。抗战期间上海沦陷后，周淑安一度居住重庆乡下，料理家务之余，也从事音乐研究和翻译、创作。1948 年，她和提早退休的丈夫回到上海，周淑安在上海允中女子学校教音乐，并在家中教授声乐和钢琴，夫妻两人过着清寒的日子。1959 年，应聘至沈阳音乐学院任声乐教授，时年已 65 岁。

周淑安是中国最早学习与研究欧洲传统声乐艺术的音乐教育家之一。数十年来，她努力探索声乐教学民族化，为培养中国声乐专业人才作出了卓越贡献。上世纪 50 年代蜚声中国声乐界的"四大名旦"中，她的学生就有三个——喻宜萱、张权和郎毓秀。著名音乐家胡然、孙德志、吕骥、洪达琦、劳景贤、唐荣枚、陈玠、江桦等均曾就学于她的门下。她的论文《我的声乐教学经验》（刊

于 1963 年《音乐论丛》第四辑），至今仍有一定的学术价值。

周淑安不但擅长声乐，还兼指挥和作曲。1922 年周淑安创作了一首闽南语摇篮曲——《安眠曲》，用闽南方言童谣为词："呵呵睏，一暝大一寸；呵呵惜，一暝大一尺。"反复吟唱八遍，配上钢琴伴奏，是我国第一首花腔歌曲。20 年代末，周淑安在上海组织女子歌咏团，亲任指挥。1928 年，上海举行舒伯特逝世 100 周年合唱比赛，由她指导的中西女塾合唱团，技压来自世界各地的代表队，获得首奖。"九一八"事变后不久，她组织学校合唱队上街宣传演出，演唱黄自创作的《抗敌歌》、《旗正飘飘》，开展抗日募捐活动。她的作品有艺术歌曲、儿童歌曲与合唱曲，大多作于 20—30 年代。她写的《同胞们》和《不买日货》等歌曲，洋溢着作者的爱国热情；艺术歌曲《假朋友、假师生》、《纺纱歌》等则反映了她的民主意识。在创作中，她很重视歌词的声韵，注意吸收民族音调，她的早期作品《佛曲》（合唱曲，1925）是根据传统曲调《思凡》改编的，在和声配置以及运用民族乐器木鱼、铜钟与钢琴伴奏的配合等方面，进行了初步尝试。她的合唱《佛曲》和一些儿童歌曲，录制了唱片。她出版的歌集有《抒情歌曲集》、《恋歌集》（均由商务印书馆出版，1935）、《儿童歌曲集》4 册（开明书店，1935）等。

在学生眼中，周淑安是一位充满爱心、具有人格魅力的师长。旅美男高音歌唱家胡然在上海国立音专学习时，曾师从周淑安。当时胡然家境贫困，每天步行上学，经常迟到。周淑安了解情况后，为了让这位成绩优异的学生能更好地学习，便自己掏钱为胡然买了一张电车季票。在当时的上海，一张电车季票的价格相当于一个小职员一个月的工资。不久，周淑安发现新来的俄国男低音歌唱家苏石林更适于指导胡然，便慨然让胡然转到苏石林班上学习。胡然后来成了著名男高音歌唱家、音乐教育家，1946 年还创办了湖南省立音乐专科学校。

1966 年，"文化大革命"爆发，周淑安作为"反动学术权威"遭到野蛮的批斗，她的身体和精神曾一度濒临崩溃。1970 年周淑安回到上海养病。1974 年 1 月 5 日，这位对中国现代音乐事业作出卓越贡献却一生坎坷的老人，在寂寞凄凉的处境中与世长辞。

1979 年 12 月 8 日，辽宁省文化厅、中国音乐家协会辽宁省分会、沈阳音乐学院在沈阳回龙岗革命公墓礼堂为周淑安举行隆重的追悼大会，高度评价了她为中国的音乐教育事业作出的重要贡献。

周淑安的骨灰现安放在上海龙华烈士公墓。

提到周淑安，就不能不提到她的两个哥哥：大哥周森友和二哥周辨明。

周淑安是家中幼女，她的大哥周森友是留美医学博士。1912 年，周淑安到上海求学时，周森友已学成归国，在上海挂牌行医。有关周森友的资料实在太少，现仅查到，1920 年，他曾在民国期刊《医药杂志》上发表介绍各国名药的文章。但无论如何，周森友是鼓浪屿最早出洋留学者之一，是毫无疑义的。

周辨明（1891—1984），幼年生活在厦门鼓浪屿，1911 年毕业于上海圣约翰大学，随后受聘于清华大学任英语教师。1921 年，周辨明受聘于厦门大学，担任厦大学生生活指导长及预科高等几何学教授。1923 年厦门大学开设外语系，周辨明为首任系主任。1928 年他由厦大出资到德国汉堡大学留学，获语言学博士。学成归国后历任厦大文学

语言学家，中国现代语言学和文字改革运动的先驱者之一周辨明。（引自《厦门大学一九三六年毕业纪念刊》）

院院长、教务长、新生院院长、外语系主任等职。1937年抗日战争爆发，厦门大学被迫迁移，近300位师生从厦门出发，走在崇山峻岭的崎岖山路上，跋涉数百里，抵达闽西山城长汀。山城长汀的办学条件、环境与厦门实属两个天地，按时任厦大教务长周辨明教授的说法，是"举目凄凉无故物"。当时，抗战形势艰危，山区条件简陋，战时物资匮乏，多数学生家境贫寒，但艰苦卓

周辨明关于音韵学的专著（1934年出版）（华侨博物院供图）

绝的办学环境反而激发了师生的昂扬斗志，大家从信念到风尚都发生了惊人的转变。周辨明教授在回顾这一转变时说："从十里洋场的厦门，到八闽穷僻的长汀；从雕栏石砌的高楼大厦，到画栋剥落的破败庙宇；从贵族到平民；从繁华到朴素，这其间，转变得太惊人了。不过这一转变，对于重生的厦大，却是十分有利的，这种经验可以说是有钱没处买的。"正是在这种办学条件下，厦门大学在1940年、1941年连续两年举行的全国大学生学业竞试中，都荣获第一。1945年抗战胜利，周辨明奉命先回厦门主持学校复员工作，筹备当年（新招入学的）新生在鼓浪屿八卦楼上课等事宜，并担任随后成立的厦门大学新生院院长。1946年是周辨明在厦大执教25周年，在校庆大会上，学校为其颁赠镌有"师儒硕望"的银鼎一座，表彰其对厦大教育事业的贡献。1948年，他应英国文化委员会邀请赴伦敦大学讲学一年，翌年回国途经新加坡，为校友所挽留，在新加坡教授语言学。

　　周辨明学贯中西，治学严谨，是我国现代语言学和文字改革运动的先驱者之一。在汉语拼音化、方言音韵及汉字检索诸方面的研究成绩斐然。早在实行汉字拉丁拼音之前，他就提倡汉字用罗马字母拼音，著有《中华国语母音和注声的刍议》、《中华国语音声字制》等。在方言音韵的研究方面，著有《厦语入门》、《厦语音韵声调之构造与性质》。对汉字检索也颇有研究，曾发明半周钥笔索引法。

几乎所有鼓浪屿居民（也包括大部分厦门人）都知道鼓浪屿"音乐之岛"的美称，也都能随口说出一串钢琴家的名字，但如果问起鼓浪屿的画家，却十有八九回答：不知道。

其实，鼓浪屿的西洋美术比西洋音乐成熟得早，当教堂传出鼓浪屿琴童弹奏的颂诗伴奏曲时，西方新潮画派的理念与技法已经被鼓浪屿画家融入创作之中。鼓浪屿也产生和成就了一批对时代卓有贡献的画家——林克恭、周廷旭、杨赓堂、黄燧弼、林学大、谢投八、周碧初、郭应麟、张万传、龚鼎铭、许声基、吴大一、王逸云、叶永年和黄莲汀等。

历史已经证明，在艺术殿堂里，鼓浪屿不会缺席。

艺苑双雄

（一）

林克恭（1901—1992）似乎是天生的艺术家，他 1901 年出生于台湾板桥林家花园，是台湾赫赫有名的五大望族之一林本源家族的后代。祖父林维源 1895 年定居鼓浪屿。其父林尔嘉遍览经史，通晓诗赋，喜欢园林之美，热爱艺文活动，家中高朋满座，尽是骚人墨客、鸿儒硕学。林克恭的童年就在鼓浪屿度过：在古典诗词的吟诵声中熏陶，在秀美旖旎的海岛风光与玲珑雅致的园

一手握琴弓、一手执画笔的林克恭。（华侨博物院供图）

林建筑里长大,这一切培养了他对美好事物的敏感与向往,启发了他心灵深处表现美好事物的冲动与渴望。

由于优越的家世背景,林克恭在鼓浪屿接受启蒙教育后,1916年至1918年在香港圣士提凡学校就读。1919年远赴英国留学。1921年起,在剑桥大学攻读法律和经济,但他依然钟情于"光"与"色"交融的世界,不仅课余留心美术活动,还选修剑桥美术学院课程,加入剑桥美术研究会,并利用暑假时间,入圣约翰务特美术学校习艺。从他1922—1925年间的绘画作品可以看出,在剑桥大学攻读法律时,他的绘画艺术已具有相当高的造诣。1925年在获得法学学士学位后,他没有顺理成章地进一步攻读本专业研究生,而是凭着率真之性,先后进入伦敦大学斯雷得美术学院和巴黎朱莉安艺术学院学习。1927年他的作品入选英国皇家学院展览会。1928年,林克恭陪父亲林尔嘉客居瑞士日内瓦,并进入日内瓦美术学院深造、研究。第二年,他与瑞士姑娘海蒂结婚,婚

水彩画《英国乡村》,林克恭作于1922年。

油画《鼓浪屿鹿耳礁》，林克恭作于20世纪30年代。

后携妻回国定居鼓浪屿，不久受聘执教于厦门美术专门学校，与周碧初、郭应麟等一批"海归"画家一同在厦门的美术教育园地播种、耕耘。1936年林克恭被推举担任厦门美专校长。这期间他创作了《夕阳下的圭屿》《海边》《鼓浪屿鹿耳礁》等，将鼓浪屿及邻近小岛的山姿海韵定格在画作之中。

1938年日军攻占厦门，厦门美专不得已停办，林克恭辗转移居香港，并在香港举办个人画展，徐悲鸿前往参观，挥笔题词推崇林克恭为"南天人物"。[1]

1949年林克恭离开香港回家乡台湾定居，一边画画一边从事美术教学工作。这一时期活跃在台湾美术界的多为留学日本的"海归"画家，林克恭承继近代欧陆绘画思潮并与东方禅思相融合，将西方画派的理念与技法，运用在创作之中，是当时唯一"画着最地道、最精纯、最多元的欧陆西画面貌的画家"。[2]他善于观察自然并从中理解自然与人生对应的关系，而对音乐始终不渝的痴迷执著，也带给他无尽的灵感，他的绘画简洁单纯，无论写实画作或抽象作品都有独特的风格。在教学上他有教无类、诲人不倦、悉心栽培学生，是台湾不可多得的美术教育家。

林克恭是一位谦和的君子、才情出众的画家，他"谦冲自牧、孤守一隅，有缘则应，无缘则藏，不与人争的生命态度，反而在诡变、窄视的台湾画坛，形塑出一座鲜为外人所知的艺术高峰"，[3]人称"台湾美术一座隐然的高峰"。[4]

1973年林克恭受邀担任巴西圣保罗双年展[5]评委，1991年又获颁"文建会文艺美术类成就奖"。

1969年林克恭完成著作《论现代绘画的美学基础及其演变的社会基础》，1973年退休后定居美国纽约。晚年的林克恭依然活跃在画坛，并参加每两年一度的"现代艺术国际展览"，不少作品被欧美博物馆、美术馆收藏。据说，美国前总统里根很欣赏林克恭，并收藏他的画作。

1992年林克恭在美国逝世。

1932年林克恭夫人（左2）与友人在鼓浪屿码头话别（白桦供图）

艺事一则

　　林克恭具有很高的音乐造诣，特别是拉得一手好小提琴，当年人们称他是"一手握琴弓、一手执画笔"的鼓浪屿才子。1948 年 7 月，林克恭发起创办厦门艺术协会，会址设在鼓浪屿鹿礁路 13 号，参加者有张圣才、洪永明、龚鼎铭、朱思明、颜宝玲、林桥、郑约惠等鼓浪屿名人雅士。艺术协会成立当天，在鼓浪屿旗山路 7 号菲律宾侨商李清泉宅邸连续举办两场音乐会，规模不大，含金量颇高，与会者多是音乐界行家高手。此后艺术协会大约每半个月就举办一场音乐会，此举开了鼓浪屿家庭音乐会的先河。

油画《渔船》，林克恭作于1937年。（华侨博物院供图）

注释：

[1]何丙仲：《亦琴亦画的南天人物》，《厦门日报》1999 年 8 月 28 日。

[2]林谷芳：《林克恭绘画艺术及其教学之研究》，《全国硕博士论文资讯网》（台湾）2005 年 3 月。

[3]同注 [2]。

[4]方草：《台湾美术一座隐然的高峰林克恭》，晖宇出版社 2008 年版。

[5]圣保罗双年展 1951 年由原籍意大利的实业家马塔拉佐所创立，在全球定期性举办的国际艺术展览中，资历排行第二，仅次于威尼斯双年展。圣保罗双年展至今仍被视为圣保罗艺术文化现代化与国际化的重要象征，是巴西极少数具有世界格局与国际声望的艺术展览。

（二）

周廷旭（1903—1972），一位才华横溢却命途多舛的艺术家。由于种种原因这个曾经响亮的名字几被遗忘殆尽，尽管名字的主人曾获得无数的国际盛誉。2003 年，就在周廷旭百年诞辰之际，他的作品才被一名美国教授带回世人的眼前。在主流艺术界重新认识周廷旭的同时，他的故乡鼓浪屿的人们也重新忆起这位离家已久的游子。

据鼓浪屿的周怀玄、白萃文和柯锡祺三位了解周家的老人回忆，周廷旭出生于鼓浪屿一个笃奉基督教的殷实家庭。周家为鼓浪屿的望族之一，其旧居现编鼓浪屿晃岩路 35 号。周廷旭之父周寿卿是周辨明、周淑安父亲周立德的弟弟，也就是说周廷旭是周辨明的堂弟。周寿卿膝下有三男五女，周廷旭是次子。在周廷旭的姐妹中，有两人任香港大学教授，周廷旭的大姐更养育了著名的钢琴家卓一龙。周家真可谓人才辈出，群星灼灼。

由于周寿卿身为基督教厦门伦敦公会牧师，周家子女自幼便接受良好的西式教育，这为他们将来留洋深造奠定了坚实的语言基础。当时鼓浪屿作为通商口岸，各种带着西方审美趣味的建筑在海岛四处拔地而起，与岛上的海滩、神庙、民居相映成趣，这里的美景引起了周廷旭对西洋艺术最初的渴求。今天我们看到他画中常常出现的海景意象——蓝海银滩、渔港归帆……谁能说其中没有寄托这位离乡未回的游子对滨海故土的思念？

周廷旭于 1917 年离开鼓浪屿前去天津，就读于伦敦传教士协会开办的英中学院，当时他年仅 14 岁。三年后他顺利毕业，当时教会学校中留学之风极盛，周廷旭便随大流漂洋过海前往波士顿求学。

1920 年，周廷旭在哈佛大学曾短期进修历史和考古，但终究无法压抑内心对艺术的追求。次年，他听从自己心灵的呼唤，进入波士顿美术博物馆美术学院，师从名家艾尔文·霍夫曼 (Irwin Hoffman) 学习绘画艺术，正式踏上追寻艺术女神之路。1923 年，周廷旭乘船辗转前去法国著名的巴黎美术学院 (Ecole de Baux Arts) 潜心深造一年。1924 年，他抵达英国，先在伦敦大学临时听课，第二年才正式进入皇家艺术学院，师从乔治·克劳森 (George Clausen) 等名师。

初抵英国，周廷旭便适应良好，他甚至作为英国篮球队的非正式一员参加了 1924 年的巴黎奥运会。1925 年至 1930 年间，周廷旭在皇家艺术学院潜心深造，打下了坚实的西方绘画功底。学习期间，他极其罕见地通过了所有的年度考试，还积极参加各种竞赛，并成为该学院唯一一个在他所参加的所有竞赛中都获得了奖项和奖学金的学生：1925 年获英国王室创立的皇家学院奖学金；1926 年获兰西尔奖学金 (Landseer Scholarship)；同年被英国艺术家皇家协会吸收为预备会员，是获此殊荣的第一位外国艺术家。1927 年到 1929 年，他相继获得克瑞斯维克奖 (Cresvick Prize)、皇家学院银奖、巴黎油画沙龙奖、阿米塔基奖 (Armitage Prize)、皇家学院金奖以及最具权威性的吞那金奖 (Turner Gold Medal)，此为这一奖项首次授予一位外国艺术家。

在此期间，周廷旭在新英格兰艺术俱乐部第一次展出画作，反响热烈，作品很快销售一空。他的六幅早期作品送到法兰西沙龙和皇家艺术学院后被收入年度画展。1929 年，在克拉瑞奇（Claridge）画廊，他举办了首次个人画展，所有展品在几天内旋即售罄，英国的玛丽皇后亦前往观赏。伦敦《晨报》评价周廷旭："目光锐利、手笔快捷，能描绘出大自然极其细微的变化，表达了艺术之灵。"

苦读五年之后，周廷旭凭着优异的成绩成为首位正式毕业于英国皇家艺术学院的中国画家，并获得大英博物馆中国艺术收藏部的一个职位。在著名的东方艺术学者劳伦斯·宾扬（Laulrence Binyon）手下工作，让他得以在西方开始了对中国艺术的更系统的学习和研究。这段经历对他日后的创作产生了很大的影响。

1931 年他回到祖国继续创作研究。他喜爱旅行，并热衷把途中美景收入画作。珍藏于鼓浪屿鸡山路卓先生家中的 3 幅周廷旭

油画《苏格兰乌拉普》，周廷旭作于1936年。（何丙仲供图）

描绘黄山风光和厦门沿海景色的作品，就是这一时期他在国内创作的。不久周廷旭在北京举办画展，开始步入京城文化界。岂料时局变幻，日本侵华战争的爆发迫使他离京去了印尼巴厘岛。在那里他创作了许多反映巴厘岛风土人情的画作。1933年周廷旭再次携心血之作归国，并在上海举办了画展。可是无休止的干戈征战终令这位艺术家再次出走，颠沛辗转于印尼、泰国与柬埔寨一带。1935年，思念故土的周廷旭回到香港展出自己的画作，然而没多久他被迫再次出行，踏上了赴欧的旅途，这一走竟成永别。此后的他浪迹天涯，终生未再返回故土鼓浪屿。琴岛的美景，只能在梦里相逢了。

多年的颠沛流离令周廷旭身心疲惫，他隐居在靠近法国边境的西班牙小渔村托萨德马尔(Tossa.de Mar)，却依然得不到安宁，西班牙内战迫使他去了英国。1936年，他在伦敦举办"大中国画展"，展出回国游览时创作的作品。之后又举办一次个人画展，展出他到巴黎、伦敦、苏格兰旅行的画作。不久他又先后漂泊到摩洛哥的马拉客什(Marrakesh)、拉巴特、菲斯等城市，并游历了英格兰、德国、奥地利、匈牙利、捷克斯洛伐克及意大利等。1938年，他在英格兰与宋子文的妻妹张氏结婚，婚后双双移民美国纽约。

远离战火的美国正是周廷旭苦寻已久的世外桃源，他在美国境内四处旅行、创作，足迹遍至佛罗里达、北卡罗来纳、亚历桑那、加利福尼亚等州。1942年，著名的诺德勒(Knoedlers)画廊为周廷旭举办了他在美国的首次个人画展，好评如潮，连卡内基(Carnegy)学院美国画年度展也挂出了周廷旭的作品。

周廷旭的画作集东方的神韵与西方的技法于一身：明快的色块交织着含义深远的留白，在西式的风景里蕴涵着一缕东方的乡愁。艺术评论家哈里·萨尔彼特在1938年3月的《绅士》杂志这样评论周廷旭的画作："我们看到他的才华渗透、充满在他所描绘的大自然明媚的风光中，他呈现给我们大自然阳光灿烂的一面。在他的视野中，北苏格兰，像丹吉尔和爪哇一样，居于热带。""正如本扬先生所说，（周廷旭）用淡淡的色彩，娴熟的手法，糅合了欧洲绘画风格。周使油画水彩般优美，而又不失其实质。他所呈现给我们的世界风光，尽管体现的是个人感受，但它是如此丰富多彩，这比它的社会意义更吸引人。"《艺术文摘》中梅尔维尔·厄尔顿的文章也说："周……具有天赋的视觉感受，能摈弃任何非本质细节，用自己民族的美学原则，描绘出了一个质朴、纯洁的世界。"周廷旭不同于其他西方油画家以忠实再现所见为己任，他的画作表现出"一种站在大自然面前并以画笔重建大自然的自觉意识"。[1]他继承了中国画以景述怀、借境观心的传统，我手写我心，我

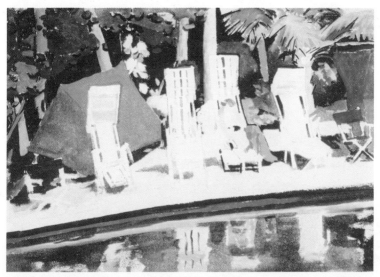

油画《迈阿密海边》周廷旭作于1942年。（何丙仲供图）

笔绘我情，画作中遮不住的来自东方母国的烙印，令他即使画的是外国风情的月夜，画上也会隐隐浮动着来自故国月宫桂花的清香。

这一时期是周廷旭的黄金年代，他不仅在艺术上全面成熟，在生活中也是春风得意。从他在这段时期内留下的照片可以看到，胖胖的圆脸上挂着开怀的笑容，文雅的眼镜下露出柔和的目光，衣着得体，姿态闲适。对一个流离数十年的人而言，这样可安居乐业、全心创作的日子正是理想的生活。可惜 1945 年张氏与他离异，无奈遭遇婚变的周廷旭自此

油画《舞者》，周廷旭作。（何丙仲供图）

心灰意冷，从艺术氛围浓厚的纽约迁往远离喧嚣的康涅狄格州，并渐渐减少了艺术创作。更雪上加霜的是，20 世纪 50 年代，朝鲜战争结束不久，年过半百的周廷旭在一次写生返回途中，被两名美国青年当作是朝鲜人殴打，身受重伤。60 年代后，他的健康状况更是恶化到需要雇佣长期护理的程度。由于日夜相对，他与照顾他的护士安娜·巴蕊特 (Anna Baret) 坠入情网后梅开二度。婚后他们在康涅狄格州的格拉斯顿伯利小镇度过了一段平静温馨的生活，这一小镇，最终也成为他的埋骨之地。

婚后，虽有妻子的悉心照顾，周廷旭的健康状况还是一步步滑向深渊。1971 年，当美国艺术博物馆为周廷旭举办他的艺术回顾展时，这位画家已经意识不清，1972 年 1 月周廷旭在疗养院中与世长辞。周廷旭没有子女，他的画作散失各处，在艺术界市场

份额不大，所知者甚少——这位天才画家几被湮没在流逝的岁月中了。

生活中的周廷旭是不幸的，但艺术史上的周廷旭却是幸运的：在他去世20多年后，一位美国教授发现了这位来自东方的天才画家，惊艳之余开始有意识地收集，并最终把他的作品带回了故乡鼓浪屿。这位美国教授的名字叫卡兹米埃兹·Z. 波兹南斯基。

"我也为中国发现了周廷旭"

卡兹米埃兹·Z. 波兹南斯基先生是西雅图华盛顿大学的经济学教授，学术研究硕果累累。在从事学术研究之余，他是一位对现代绘画颇有心得的艺术收藏家。卡兹教授原先并不太留意华人画家的画作，直到1993年，他得到来自美国另一个州的一本拍卖会宣传画册，其中6幅周廷旭的作品让他一见倾心，他深为画中的丰富色彩及深远意境所吸引，只觉得画中有着与自己的经验完全不同的世界。他买回这些画后，起初觉得与西方作品相接近，但慢慢地发现其中有许多自己无法解释的东西。他又先后从其他地方的拍卖会上买回13幅周廷旭的画作，从此情有独钟，开始了近十年收藏、研究、宣传周廷旭作品的历程。2003年，他带着周廷旭的40多幅作品来到中国，在画家故里厦门鼓浪屿成功举办了"旭日之路"画展。由于他的发现，中国现代美术史上又多了一位杰出的油画先驱者。

提及收藏周廷旭画作的经历，卡兹教授满脸笑意，自认与周廷旭的画缘分匪浅，他收藏的每一幅画后面，都有一个故事。

有一次，卡兹教授在清晨6点接到拍卖行电话，告知他有一幅周廷旭的作品正在拍卖。他通过电话参与了竞买并成功购得后，不到5分钟又接到拍卖行的来电，问他愿不愿意加价售出刚买进的那幅画。卡兹教授自然拒绝了，但也不禁好奇地问起原委，原来他的竞争对手竟然因电梯故障错过了拍卖时机，得知该画已经售出后只能后悔不迭。

　　另有两幅周廷旭的画作也是意外地收入卡兹教授囊中的。两位收藏者居于新英格兰地区，原本不忍割爱的，谁料那年冬季寒流袭来，罕见的祁寒实在难耐，为了筹款过冬，不得已忍痛将画让与了卡兹教授。

　　"我喜欢中国，热爱中国的文化，是周廷旭让我发现了中国，换句话说，我也为中国发现了周廷旭，他的画为我打开了中国的大门，使我领略了中国哲学所追求的快乐和谐的美好世界，使我深深爱上了中国"，卡兹教授对此一再强调。

　　在《幸福的地方——周廷旭创造的园景》一文中，卡兹教授对周廷旭的艺术特色作了精彩的评论：

　　周廷旭专注的题材是风景画，这正好说明他对中国艺术传统的深刻理解，因为风景（山水）最适于表现基本的道德真理。在风景画的构成中，最能全面地表现艺术家对这个物质与精神交织的世界的感受，既将情与景融为一体，又将天（精神）与地（物质）完全渗化。按中国人的传统观念，天与地不可分地构成一个统一的世界，尽管天比地更伟大，但当画家画了地，实际上也画了天。因为大地是可以看得见的，而天堂则是不可窥的。画家要表现的是天地间的精神灵气，而不是简单地拍摄一幅风景的外形。画家应当像园丁那样，在画面上按自己心中的天堂的图样，创造一个美妙的园景。毫无疑问，周廷旭就是这样一个出色的园景设计师，或许可以这样说，他是使用西方工具材料技术作画的最好的中国风景画家。他有能力创造各种令人激动的宇宙和谐的神妙幻象，他更喜欢画那些山与水交汇的和谐景色。这一点也不令人惊奇，因为在传统的中国绘画史上，山水画向来是一种最受青睐的画种。水是丰产的象征，它有创造生命的能力，而山则是水创造生命不可或缺的土壤。山水中蕴含着生命的精华和天地的灵气。

　　周廷旭常常在他的风景画中使用另一中国传统绘画手法，就是空白画面的运用。这些未经着墨的大片留空，往往将人们带进一种更微妙的隐藏的精神境界。同时加强了画面给人的温馨、慰藉和幸福之感，因为留白的空间象征着一种生命的希望，一种可以改变的未来，如果已经画上了东西，那就意味着过去，而过去是不可逆转的。

当传统的中国山水画家想表现远距离的时候，他们并不像西方画家那样运用透视学的方法，而是用他们自己的一套平面空间分割法，在画面上画出若干个水平线和面，他们不是只用一条分割天地的水平线。

最后，让我们穿越时空的阻隔，随着周廷旭的自述，走近这位艺术大师的内心世界：

"过去，我常常在美丽的神庙和松林中或者海边的沙滩上嬉戏，我想好好地欣赏这大自然的美妙景色，也想帮助别人去这样做。自从我有机会出去旅行，我在我自己的祖国到处漫游，以便从见到的名山大川、绘画和建筑艺术中领略中国的最美的东西。这种愿望促使我去学艺术。我当时对艺术的历史和艺术的实践一窍不通，除了写写中文字，我认为这是真正的绘画……我发现我无法从中国本身的艺术家那里学到我所期望的东西，正是这样的原因，驱使我走向西方。我最初的目的只是想学到一点西方艺术的技巧，但是我发现值得我学的绝不仅是这么一点。在英格兰和欧洲大陆，让我大开眼界，使我看到艺术真正是什么样子。当我进一步向前走，我更深地认识到不管是东方还是西方，总有一天一定会出现一个新世界文明的艺术。为了这样的创造理想，作为一个画家，我愿为此作出贡献……艺术是表述人类心灵的通用语言。" [2]

注释：

[1] 德勃拉·J.伯恩：《周廷旭从西方到东方的艺术之旅》，《旭日之路——周廷旭的世界》，Frye Art Museum,Seattle,Washington,2003年版，

第 27 页。

[2] 周廷旭：《一个在欧洲的中国画家的展览》，原载《Monitor》杂志 1928 年 8 月号。转引自 Path Of The Sun—The world of Teng Hiok Chiu(《旭日之路——周廷旭的世界》)，Frye Art Museum，Seattle，Washington，2003。

鼓浪屿漳州路44号是一幢古老的别墅，这幢两层英式别墅前部有二段式石阶，阶下是花园，有茂密的玉兰、龙眼树，有水井、金鱼池，既气派又温馨。

90年前，即1919年8月，中国现代著名文学家林语堂从这里迎娶新娘，三天后，夫妻告别家人，携手登上邮轮，到美国哈佛大学比较文学系留学。于是，鼓浪屿又走出一位大师。

廖府东床

林语堂（1895—1976）原名和乐，改名玉堂，后以笔名语堂为名。1895年出生在福建漳州平和阪仔镇，1905年，10岁的林语堂从坂仔教会办的铭新小学转至厦门鼓浪屿，插班进入教会办的养元小学接受启蒙教育。毕业后，天资聪慧的林语堂13岁升入寻源书院上中学，17岁以第二名的优异成绩毕业，并考入上海圣约翰大学。在那里，他喜欢上了来自鼓浪屿的美人陈锦端，但彼时，林语堂只是一介穷书生，陈锦端的父亲为了阻止女儿嫁入寒门，便

两脚踏东西文化，一心评宇宙文章的林语堂。（华侨博物院供图）

把邻居开钱庄的廖悦发的女儿廖翠凤介绍给了林语堂。据林语堂的回忆，对于这桩婚事，廖翠凤的母亲心里并不认同，她觉得林家穷，为女儿的未来生活担忧，但对林语堂已有一定了解的廖翠

凤说了一句日后被女儿林太乙誉为"历史性"的话——"没钱不要紧"。于是，林廖二人于 1919 年 8 月 9 日喜结良缘，由此开始了长达 57 年的美满婚姻生活。

当时，林语堂已得到清华学校给予的半官费赴美国留学资格，到美国哈佛大学比较文学研究所留学。婚后，林语堂夫妻与清华毕业的 62 位留学生一同登上哥伦比亚号轮船横渡太平洋，远赴美国波士顿求学。林语堂先后留学美国、德国，获美国哈佛大学文学硕士、德国莱比锡大学语言学博士学位。1923 年林语堂回国，任北京大学教授和英文系主任，1924 年后为《语丝》主要撰稿人之一，1926 年出任北京女子师范大学教务长，因抨击社会和北洋军阀，受段祺瑞政府通缉，离京返厦在厦门大学校长林文庆的儿子林可胜医生的家中避难。而当时，林文庆正想创办厦门大学国学院，林可胜向父亲举荐了林语堂，于是，林语堂到厦门大学任人文科主任和国学院总秘书。

随着厦大国学院的创办，一批大师接踵而至，有文学家鲁迅、语言学家沈兼士、历史学家顾颉刚、语言学家罗常培、哲学家张颐、中西交通史专家张星烺、考古学家陈万里、名编辑孙伏园和俄国人类学家史禄国、法国汉学家戴密微等。这批名家的主体是北大的"语丝派"与北大的"现代评论派"，他们的到来，让厦大盛况非凡，一时颇有北大南迁的景象。

1926 年 10 月 10 日，厦大国学研究院成立。厦大国学院是继北大国学门、清华国学院之后，20 世纪前半叶中国仅有的 4 所国学专门研究机构之一，成立 8 天，即提出了 10 个研究选题，并计划出版 10 部专著，其中有鲁迅的《古小说钩沉》和《六朝唐代造象》，林语堂的《汉代方音考》和《七种疑年录统编》。国学院还有一个重大计划，就是编纂《中国图书志》，这是一部包括春秋、地理、医学、金石等十三类书目的洋洋巨著。

但是，林语堂最终没能在厦大实现他的上述抱负，1927 年 3

1933年宋庆龄宴请英国文豪萧伯纳等，后合影留念。前排左起：史沫特莱、蔡元培、鲁迅；后排左起：萧伯纳、宋庆龄、伊罗生、林语堂。（华侨博物院供图）

月，林语堂离开厦大，到武汉任中华民国外交部秘书。随后的几年当中，他创办过多本文学刊物，提倡"以自我为中心，以闲适为格调"的小品文，对文学界影响深远。1924 年 5 月将英文的"humor"译为中文"幽默"，于是，中文的"幽默"一词诞生了。

20 世纪 30 年代林语堂编著的开明英文读本，与张其昀编著的初高中地理和戴运轨编著的初高中物理教科书鼎足而立，成为全国各校通用之教材。1932 年起，他编辑《论语》、《人间世》、《宇宙风》等刊物。1932 年 12 月，林语堂和宋庆龄、蔡元培、杨杏佛等发起成立中国民权保障同盟，此间，应美国著名作家赛珍珠之约，林语堂写了《吾国与吾民》一书，在美国出版，很快成为畅销书。1936 年 8 月，林语堂举家迁居美国纽约。

林语堂迁居美国后，应出版商华尔希之约，写成《生活的艺术》一书，介绍中国人是如何品茗、行酒令、养花蓄鸟、观山玩水的。该书出版后，风靡一时，成为 1938 年全美最畅销的读物，其后重印了 40 多版，译成 18 国文字，各种版本同样畅销，历久不衰，一举确立了他在国际文坛上的地位。1938 年，林语堂经过 5 个月的精心构思，用近一年的时间写成了 70 万字的长篇小说《京华烟云》，生动描绘了从义和团运动到抗战前后中国人民为保卫祖国而同仇敌忾的英勇斗争。该书是全美 1939 年的畅销书之一。此后他又写了《风声鹤唳》（1940 年）、《朱门》（1953 年），构成他的长篇小说三部曲。

《京华烟云》小说以主人公木兰的命运发展为线索，讲述了旧北平曾、姚、牛三个大家庭从义和团运动到抗日战争 30 多年间的悲欢离合和恩怨情仇，全景式展现了现代中国社会风云变幻的历史风貌。

《京华烟云》享有现代版《红楼梦》之美誉。1938 年诺贝尔文学奖得主赛珍珠女士以该书推荐林语堂为诺贝尔文学奖候选人时说：“它实事求是，不为真实而羞愧。它写得美妙，既严肃又欢快，对古今中国都能给予正确的理解和评价。我认为这是迄今为止最真实、最深刻、最完备、最重要的一部关于中国的著作。”闻名遐迩的美国《时代》周刊称《京华烟云》“极有可能成为关于现代中国社会现实的经典作品”。

1938 年，中国的抗日战争全面爆发后，林语堂在美国《纽约时报》、《时代周刊》等刊物发表文章，揭露日本侵华罪恶，同时参加各种活动支持祖国的抗战工作。

1946 年林语堂研制起中文打字机，为此花去了 12 万美金，负债累累，为了还债，他又埋头写作，在法国南部一个小镇，他先后写了《唐人街》（1947 年）、《老人的智慧》（1948 年）、《美国的智慧》（1950 年）等书，还清了欠债。

1954 年 10 月初，林语堂就任新加坡南洋大学校长，1955 年 4 月辞职，重回法国，写成一部描写乌托邦、充满幻想色彩的小说《远景》。此后写了《武则天》（1957 年）、《匿名》（1958 年），

《中国的生活》和《信仰之旅》(1959 年)。1960 年到 1961 年又写了《古文小品译英》、《红牡丹》、《帝国京华》三部著作。1967 年写成《中国画论》。

1965 年，年过七十的林语堂携家到台北定居。在台十年，他仍是我行我素，不入政圈，致力笔耕，撰写短文 180 余篇。1972 年 10 月，78 岁高龄的林语堂编纂成 1800 页的《当代汉英词典》。1974 年，他被推为国际笔会副会长，此前林语堂曾四次被提名为诺贝尔文学奖的候选人。1976 年 3 月 26 日，他因心脏病在香港去逝，终年 82 岁。

林语堂是我国最优秀的双语作家之一。他为后人留下了 11 部中文著作、40 部英文著作和 9 部翻译作品，数百篇散文、小品，他编著的《开明英文读本》是中国当年最受欢迎的初中英文教科书。

轶闻一则

在台湾，林语堂经常应邀出席许多集会，最令他感到头痛的是会上冗长的演讲。有一次，他应邀参加一所学院举行的毕业典礼，登台演讲的都是长篇大论，时常过了限定的时间，轮到林语堂演讲，他只轻描淡写地说："演讲的议论，要和女子的裙子一样，越短越好"，随即引起哄堂大笑。从此，林语堂的这一名句广为传诵。

1907 年，厦门名流黄廷元老先生与陈天恩、廖中和、章永顺等人，共同向清政府商部申请注册，在鼓浪屿内厝澳燕尾山麓建立厦门淘化食品罐头公司。当时淘化公司主营酱油与酱品罐头，仅是一家粗具规模的本地实业。1914 年，淘化公司与竞争对手大同公司经多年谈判，终于达成合并协议，重组为淘化大同实业股份有限公司，黄廷元出任董事长。双赢互利的兼并令淘化大同一夕之间成为闽南酱油、酱菜业界的执牛耳者。同一年，黄廷元喜获麟儿黄笃修，只是，他当时还无法预料，正是这位襁褓之中的婴儿，未来竟能把原本局限于本地的淘化大同实业光大发展，推向世界，最终成为一家跨国上市公司。

淘大黄氏

黄笃修（1914—1978）生于鼓浪屿一个富足的家庭中，为同安金炳"紫云"黄氏 44 世。他在年轻时便深受西方思潮影响，曾前往尚在初创阶段的燕京大学进修经济与法律，燕京大学的九字校训"因真理，得自由，以服务"也成为黄笃修日后生平的最好写照。黄笃修是个兴趣与涉猎都十分广泛的人。他离开燕京大学后，先是回到淘化大同帮助打理生意，不久便报名参军。在军队里摸爬滚打几年后，又成为随军记者。数年的军旅生涯使黄笃修深感自己能力的不足之

将淘化大同实业推向世界的黄笃修。（华侨博物院供图）

处，他又返回校园苦读，不久毕业于岭南大学并获农科学士学位。毕业后他又辗转前往菲律宾大学留学。学成归国的黄笃修，已经完全褪去了当初在家中的未经风雨的青涩毛躁，见多识广，学识深厚，他逐步接过父亲肩上的重任，主持已经声名鹊起的淘化大同公司。

1928年，淘化大同在香港九龙牛池湾建立分厂，占地约4万余平方米；1933年又在香港文咸东街设立一间发行所，自此算是在香港站稳了脚跟。不过，此时淘化大同的重心仍在厦门，1936年，黄廷元老先生在鼓浪屿病逝，黄笃修悲痛于家变的同时，亦惊觉时局已是飘摇动荡——当时日寇在东北已横行多年，华北亦岌岌可危。为了保住父亲的毕生心血，黄笃修与郑炳伦（淘化大同公司元老、总经理）等人决定，开始将淘化大同的投资与制造重心向香港转移。

1938年，日寇占领厦门，切断了厦门本岛与内陆的大部分交通往来。当时留在厦门的淘化大同厂家迫于压力，只得渐渐缩减经营范围，90余缸酱油、酱菜就是厂里全部的家当。温州的分厂也被迫关闭。尽管当时日寇有意拉拢本地名绅为己所用，但黄笃修在威逼利诱之下，仍坚持不与敌伪同流合污，坚拒为敌所用。他曾经与友人说起赵孟頫以宋皇室后裔之身变节仕元，深不以为然。在黄笃修心中，大义大节重于功名利禄。不久，他便被日寇以抗日分子的名义投入黑牢。经家人散财疏通，黄笃修才

淘化有限公司的酱油商标。（白桦供图）

被释放。既不甘心认敌为友同流合污，则唯有远走以避祸，黄笃修挥泪告别生于兹长于兹的故乡厦门，举家南下香港。

如果说厦门是黄笃修长成与初露锋芒的岛屿，那么香港则是他成熟与大展宏图的港湾。他的传奇，此刻方才真正开始。

香港实业林立、才人辈出，要在此处站稳脚跟实属不易。黄笃修在香港的头几年，筚路蓝缕、披荆斩棘之事，不胜枚举，只是多不为外人所知。兹举一例，当初港人早已习惯于广东本地的酱油品牌，对"淘化大同"这个厦门来客所知甚少，因此最初淘化大同的产品，虽产于香港，却只能行销海外，绝大多数销往菲律宾等东南亚市场。1941 年，日寇入侵港岛，海上运输中断，淘化大同的产品无法运往东南亚，一箱箱积压在厂内。黄笃修当即拍板，改在港岛内大力拓展内销市场。淘化大同以卓越的品质为后盾，在香港各处宣传推销其生产的酱油等系列调味品和种类繁多的酱品罐头，尝过的香港居民深感价廉物美，许多自此成了忠实顾客。于是一场危机化为转机，淘化大同因祸得福，品牌在香港的知名度大幅提升，几乎到了家喻户晓、老少皆知的地步，连日军亦采购了淘化大同的部分产品，供给当时被日军俘虏的英军战俘食用。

1945 年，二战结束，香港历经战火，已是满目疮痍。淘化大同几年来也是苦苦支撑，又逢公司元老郑炳伦去世，黄笃修与王福星、郑志坤、林子达等苦思发展之策。然而，百废待兴的香港，原材料奇缺，连酿造酱油的黄豆也千金难求。正当黄笃修一筹莫展之际，一位英军驻港官员出现在黄笃修面前。原来这位英国官员曾是日军战俘，他在集中营内负责英俘伙食时，常常分配给英军俘虏的食品正是淘化大同出品的，当时淘化大同的品质就令他印象深刻。因而在得知淘化大同的困境后，这位英军官员将日军遗留下来的大批饲养军马的备用黄豆，连同另一批日军遗留的马口铁，悉数卖给了淘化大同公司，帮助淘化大同公司度过了困境。

对他的雪中送炭之举，黄笃修一直心存感念。因此，在 1948 年的圣诞节，该官员打电话询问淘化大同公司可否为战后的英国人民捐献食品过冬的时候，黄笃修立即让淘化大同公司捐献几万箱罐头食品，发往英伦。结果淘化大同公司此举收获的不仅有几百封英国发来的感谢信，更有后续雪片般飞来的产品订单。无心插柳柳成荫，黄笃修的一个善心之举竟打开了英伦市场。自此，淘化大同的产品开始畅销欧陆。

此后的淘化大同在黄笃修的开明经营下进入了飞速发展的黄金时代。1949 年 5 月，黄笃修与郑志坤一起到新加坡武吉知马八个石设厂。1950 年 1 月，淘化大同（新加坡）有限公司正式成立，黄笃修在此与美国厂商合作生产的绿宝果汁汽水成为淘化大同的又一名牌产品。1954 年 6 月 4 日淘化大同公司成为香港的上市公司。1959 年，淘化大同（新加坡）有限公司拓展至马来亚[1]，在吉隆坡巴生路设立淘化大同（马来亚）有限公司。同年 5 月，又购买了巴生黄梨厂，开始制造黄梨罐头、黄梨酱等。在巴生，淘化大同公司首次将营业触角伸入房地产业，令公司的经营更趋多元化，这一分公司亦为未来成立的以开发房地产为主的淘化大同置业奠定了基础。意气风发的黄笃修还一手经营淘化大同附属产业中的淘化大同纸品厂与潘老洋行，并出任香港欧亚机器工程有限公司和香港印字馆有限公司等多家公司董事长。1970 年，香港淘化大同与吉隆坡森那美公司合并。此后黄笃修因健康原因，开始退出淘化大同的经营圈。1978 年，黄笃修逝世。他的后人渐渐将淘化大同的股份沽售给郑氏家族以及森那美集团。1980 年淘化大同转由香港恒隆公司控股，更在 1991 年被法国达能集团收购。此时，黄氏家族已经完全退出了淘化大同集团。

黄笃修在商界可算天纵奇才，他曾历任香港、菲律宾、新加坡、马来西亚四地的淘化大同董事经理，身兼香港正联企业有限公司、香港欧亚机器工程有限公司、纽西兰奶品新加坡有限公司的董事长。尤为难得的是，他在繁忙的商业活动中，依然未曾失却对公益的热情以及对艺术的追求，并且在这两个领域内亦是成就斐然。《南洋商报》主笔曾心影在他所著的《闽人创业史》中这样回忆黄笃修："（黄笃修）先生为现代学者，天纵才华……行行都是内行家，能文章，能饮酒，好做深思，探颐索隐，有类希腊哲学家。……1968年先生荣获美国国际大学授予名誉哲学博士学位。……（先生）社会方面公职：香港中华厂商联合会，棉织制成品厂商会，毛织业厂商会，新加坡食品厂商联合会名誉会长，九龙华商会，新加坡厦门公会会长，香港新加坡燕京岭南大学校友会会长，香港大学经济学会名誉副会长，香港南洋学会会长，香港租务法庭陪审员。十年来环游世界，著有《游踪寄语》、《东鳞西爪》、《日本到何处去》。……读其文章，几于偏为万物说，穷响以声，形与影竞走，确然现代之惠施也。"黄笃修的博学多才，可

香港厂商公会会长黄笃修（右）接待新加坡中华总商会工商业考察团，并互赠纪念品。（华侨博物院供图）

见一斑。

除了上文提到的三本书外，黄笃修还曾在香港《星岛晚报》写连载，后将这些文字集结成《行隐集》出版，他自号无言斋主，另撰写了一本以此为题名的《无言斋札记》。黄笃修不仅文字功底深厚，更擅画墨竹，笔底深得石涛"无法而法"的真意；能书法，笔法的气韵承继黄山谷；同时他还擅操古琴。他更将自己浸淫琴书画三味的心得体会，写成《写竹与书法》、《琴谱释义》。考虑到他繁忙的日程安排，以及他还在中外报刊发表数十万言的议论时事政策的杂文，这样的著作数量实属惊人。据他自述，习惯随身携带纸笔，灵感闪现便即刻记下，许多文字都不是规规矩矩坐在桌前写成的。如《行隐集》自序，即在日本东京帝国酒店洗手间内急就而成，他自己笑称，这正是所谓"道在矢溺"。

小节处愈是旷达，大节处却愈坚持。当年在厦门，黄笃修便因严拒日寇拉拢而获罪。当他为避祸远走香港时，虽身在英国管辖的地方，思念祖国之情却从未稍息。据一名新华社香港分社工作人员回忆，黄笃修当时是香港淘化大同有限公司的董事长，活跃于商场之余，在社会事务方面也多有参与。自60年代初期起，黄笃修便与大陆官员时有往来。在当时的社会环境下，他挺身而出，利用自己连任多届中华厂商联合会会长，交游广阔，相识满天下的便利之处，居中穿针引线，将许多人物介绍给了大陆方面，包括丁鹤寿的父亲丁熊照、九龙总商会的谢伯昌、苏浙同乡会的余季良、山东帮的张军光等人。尽管他始终为不便请新华通讯社香港分社社长梁威林到中华厂商联合会和大家见面而感到不安与歉疚，在与梁威林单独见面时，依然惭愧地抱拳作揖："包涵，包涵。"黄笃修一再对梁威林强调："中国人都是爱国的。"赤子之心溢于言表。

至于他为社会公益出钱出力奔走之事，更是数不胜数。仅以黄笃修逝世前四年建起燕京书院为例：1974年，黄笃修与李权等燕京大学校友在香港共同筹建燕京书院，预计 100 万元港币的筹办费中，由校友会负责筹足 50 万元。黄笃修当时已经疾病缠身，然而身为校友会会长，他先是慨然捐出港币 10 万元，后续又另行垫借港币 20 万元，令筹款进程骤然过半。其他校友受此鼓舞，捐赠款项更是源源而至。短期内便在香港九龙苏屋邨建起了拥有数十间教室的燕京书院。1978 年第一期便招新生 320 多人，后更逐年递增，十年后的 1987 年，书院规模已达 39 个班，学生 1427 名，只可惜黄笃修先生已经溘然长逝，未能看到这桃李芬芳的胜景。在书院十周年纪念庆典上，与会者提起黄笃修为建校作出的贡献，仍是赞叹不已。

在厦门同安的黄廷元老先生墓前，如今依然镌刻着其自撰的对联："死生宁有殊，物我皆无尽。"联中那份豁达与关怀，一脉相传至儿子笃修身上。黄笃修一生可谓建树良多，只是无论为商也好，为儒也罢，不变的是那份岁月里沉淀下来的智慧与才华，无尽的是一生坚持服务社会、为国为民。商之大者，应如是。

注释：

[1] 马来西亚半岛的旧称，原为英国殖民地。1957 年 8 月独立，成为英联邦的一员。1963 年 9 月，马来亚联合邦及沙捞越、沙巴与新加坡组成马来西亚联邦（1965 年 8 月新加坡退出马来西亚联邦，成为独立的新加坡共和国）。

现代社会人才辈出，各显峥嵘。学富五车、术有专攻者谓之专家学者；经营有方、富有资财者谓之殷商；涉足政治、纵横官场者谓之达官显宦。学而优则商者尊称儒商，学而优则仕者雅称学者型官员，此二者亦堪称复合型人才。倘有人于为政、经商、治学各擅胜场，那可真是凤毛麟角了。这里要介绍的就是一位从鼓浪屿走出来的弄潮儿——黄望青。

星岛流星

黄望青（1913—2003）原名国魂，长大后觉得这个名字过于夸张，改用谐音"谷云"。中年遭大变嫌"黄"有枯黄衰老之意，遂改名"望青"。笔名常用耶鲁、郭安等。

黄望青的一生可谓祸福相倚。1913 年 3 月 3 日，他出生于鼓浪屿鸟埭路 36 号的祖居"莲石山房"。他的家族为鼓浪屿望族，也是书香门第，但在他父亲一代已是家境贫寒。在他 5 岁那年，父亲为求生计养家，远渡印尼泗水投亲谋生，此后家庭生活的经济来源，仅靠父亲有限又不固定的侨汇，其艰难可想而知。黄望青自小酷爱读书，无论在养元小学，还是初中阶段的英华书院和高中阶段的同文中学，他的学业成绩都名列前茅。高中毕业后，在沉重的经济压力和强烈的升学渴望的双重煎熬中，他毅然决定就近修读厦门大学，并设法半工半读，减轻家庭经济负担。在亲戚的帮助下，他找到一个出勤半天的差事：到厦门思明戏院当英文书记，书写文札，翻译英文对白，月薪 20 元。戏院距离厦门大学约 5 公里，但他舍不得花钱乘车，每日步行往返，有时回校餐厅已关门，只好饿着肚子上床睡觉。入学第二年，母亲病逝，家庭的经济压力更大，但黄望青不屈不挠，坚持半工半读，终于完成了大学学业。

黄望青兄妹（前排右1、右2）与姑父（左2）表弟妹等人在鼓浪屿故居"莲石山房"前合影（1920年）。（引自《从鼓浪屿到新加坡》）

　　1935年6月，黄望青这时已是中国共产党党员。为逃避政治迫害，等不到参加毕业典礼，领取文凭，弃家流亡香港，又转到缅甸仰光，在老师邱立才经营的肥皂公司担任簿记和推销员。不久，他在上海的《世界知识》上发表专论《英帝国主义铁蹄下的缅甸》，轰动仰光华人社会，也引起英殖民当局的震怒，当地特警开始侦查抓捕文章的作者。黄望青便于1936年10月离开仰光赴新加坡，此后曾在邵氏影业机构、大光戏院任职。1937年秋，黄望青受聘于新加坡华侨中学，讲授英汉对译及文、史、地等课程。当时，抗日救亡的风潮已席卷新加坡，黄望青以高度的热忱投身其中，他参加新加坡左翼群众团体"业余话剧社"，参加陈嘉庚领导的筹赈会的筹款援华活动，他的表现深得左翼组织的赞赏。不久，黄望青加入马来亚共产党。1938年3月，受组织委派，他出任"马来亚抗敌后援总会"筹备委员，并在总会正式成立时，被推选为五位常务委员之一。1938年7月30日，后援总会的五位常委联名在新加坡《南洋商报》上发表题为"我们的态度"的文章，公开表明为了援华抗日，致力于巩固并扩大马华救国统一战线，开展统一救国行动的明确主张。这篇文章在社会上引起强烈反响，也引起当局对黄望青的注意。新加坡英殖民地政府其实并不鼓励华人抗日，不久，黄望青的教员注册执照被吊销，他不能继续当教师了。

1935年6月黄望青南渡后，留在鼓浪屿故居的祖母（左4）、姑妈黄淑美（左2）、妻子吴慧宜（左1）和胞妹黄翠峦（左3）是他深深的牵挂。（引自《从鼓浪屿到新加坡》）

正当黄望青进退维谷之际，老友洪丝丝和刘洪钟伸出援手，邀请他到马来亚槟城的《光华日报》担任电报编译。1938年秋，黄望青携着家小到槟城走马上任。时值欧亚多事之秋，各大报每天都出早、午两版，以满足读者及时了解世界大事的渴望。但《光华日报》只有两位编译，工作极为繁重。黄望青每天晚上九点到报社，面对滚滚涌来的电讯，手不停笔，又译又编，直到凌晨三点截稿时才能稍事休息，随后又要看版面，改错题，紧张工作到清晨才身心俱乏地回家，下午又到报社译编午报的电讯，这样才算是完成一天的工作。

除了为生计而辛苦劳作之外，黄望青还担负一项艰巨的任务：作为"马来亚抗敌后援总会"的代表，领导北马三州的抗日救亡运动。但是，英殖民地政府在第二次世界大战爆发后，大举逮捕驱逐抗日志士。1940年初，黄望青接到通知，说英殖民地政府警方可能有所行动，劝他回避一下。在征得后援总会的同意后，黄望青于1940年初夏离开槟城到新加坡，开始了地下工作生涯。他租住一间处在椰林中的破旧茅屋，继续从事后援总会的工作，此外为大报撰写一些政论文章，这既能扩大政治宣传，又能得到一点稿费补贴家计。在地下工作的日子里，望青一家过着十分贫寒的生活，四口人每天只花两分钱买菜，黄夫人吴慧宜走遍菜市场，用一分钱买菜贩子剥下的蔬菜外叶，另一分钱则买牛肉摊上乏人问津的牛骨头，全家就这样过着煮菜叶、熬牛骨汤的日子。

可是甘于这种苦日子也不可得。1941年5月13日，英殖民政府警察逮捕了黄望青，并以参加及运营三个非法组织等罪名，判处14个月徒刑。1941年12月8日，日本军国主义全面发动太平洋战争。迫于形势和舆论的压力，英殖民政府接受马共联合抗日的建议，于12月20日释放了被拘禁的马共党员和其他抗日分子，刑期尚未过半的望青亦在释放之列，且被邀参加12月28日在总督府召开的新加坡各界代表会议，受到总督的特别接见。"昨天阶下囚，今天座上客"，这是当时星岛报章为黄望青而发的感慨。

12月30日，陈嘉庚先生主持了新加坡华人各党派代表会议，决定成立"新加坡抗敌动员总会"，黄望青以马共代表的身份参加会议，并奉命在会上提出武装民众的动议。1942年2月15日，日本侵略军攻陷新加坡，并大肆搜捕抗日分子。黄望青是身份公开多年的抗日领袖，但没有组织的命令，不能擅自离开新加坡。于是他在同志的帮助下，每日东躲西藏，不在固定地方过夜，躲过了日军的搜捕。但是，由于党内领导人的叛变，4月8日，望青在准备进入游击区的时候，不幸落入日本宪兵的魔掌中。在监狱里，望青受尽了非人的折磨。关押半年后，被军事法庭判处 10 年徒刑。1943 年 4 月，一个叫德丸大造的宪兵军曹到狱中将望青带到宪兵部，并将他与家人软禁在宪兵部后边的破旧小屋里，强迫他当翻译，外出必须先得准许，行动也都在日军监控之中。1945 年 8 月，日本宪兵奉命到马来亚内陆地区准备作战，将望青全家也押送到那里。8 月 13 日，一位台湾籍翻译偷偷告诉望青，日本政府已决定投降，宪兵或有意外行动，希望与望青一道逃匿。两人遂于次日逃往附近的一个小山岗，就这样奇迹般地躲过一劫，避免了重蹈郁达夫先生的不幸。

日本人投降了，英国人还没有回来，马共领导的马来亚人民抗日军一时控制了局面。黄望青及时将狱中同志们对马共总书记莱特的怀疑向组织报告。他是唯一的幸存者，却因此被视为叛徒与破坏者，受到了否定和反击。在多方从内部揭发问题被阻后，为了对革命负责，他断然将问题向社会公开，这更引起了轩然大波。甚至在当时的马共总书记莱特的叛徒问题被证实后，仍有人坚持认为，莱特是叛徒并不能证明你黄望青不是叛徒。黄望青从此为马共及左派人士所斥逐。为了生活，黄望青先在一家小型工厂担任助理，每月 100 多元薪资养家糊口。1948 年 3 月，经亲戚介绍，望青在"集华船务贸易有限公司"担任协理，从事远洋船务和农产品的国际贸易。1951 年，"集华公司"创设附属机构"宗利有限公司"，望青又兼任英文秘书。"集华公司"在战后的新加坡可谓华人经营远洋航运的先驱，望青和同仁兢兢业业，埋头苦干，使集华公司的远洋吨位和船队规模均名列华资远洋航运公司首席，为外国船东所瞩目。"宗利公司"是经营缅甸大米的进口商，这对望青来说，又是个极好的学习机会。他不但主持办公室的工作，还亲自搭乘公司的轮船前往巴基斯坦、印度、缅甸、印度尼西亚、泰国、香港等国家和地区，了解远航船务的实际操作，考察各国港口的工作流程。航程中，望青抓紧时间认真阅读有关船务的书籍，并对各国港口的见闻作了详细的笔记。由于望青是法学院出身，又有扎实的英语功底，再加上多年的船务实际运作，他很快就成了远洋船务的行家，并为新加坡同行解决了许多纠纷，也为他日后的创业打下扎实的基础。

1957 年 1 月，黄望青创办了自己的"集诚有限公司"，主要经营船务和缅甸土特产进口。在船务方面，他在"集华公司"十年的阅历和工作经验对事业的发展起了重要作用。经过近十年的含辛茹苦，闯过一个个难关，尝尽创业的艰辛滋味，终于事业有成。"集诚公司"自置万吨级远洋货轮四艘，代理世界各港船务，成为新加坡航运界令人瞩目的成员。因得同业的敬重，黄望青曾在 20 世纪 60 年代被选为"星洲船务公会"主席。

在缅甸土特产进口方面，黄望青打破新加坡饲料界墨守成规的传统，从缅甸进口脱油米糠作为混合饲料的主要原料（传统观念认为脱油米糠营养成分肯定减少，但经化学专家研究，脱油后可减少牲畜因油生病的麻烦，且不影响养分），从根本上改变了新加坡饲料界的配方。此后，采用新配方的饲料厂纷纷设立，"集诚公司"的业务也获得长足发展，成为该行业的主要进口商，常年占有新、缅贸易额的 50% 以上。

1969 年，黄望青出任国立东南亚研究院常务理事和财务委员会主席。该研究院是新加坡政府的智囊团，着重研析东南亚各国形势，以供政府确定应付的策略参考，同时也培训来自东南亚各国的年轻学人。1971 年初，为新加坡经济发展局所邀，他出任轻工业咨询委员会主席，并于同年 4 月亲自率领新加坡轻工业考察团前往日本，实地研习日本战后工业复兴的情况，获得日本朝野盛大欢迎。

20 世纪 70 年代初，新加坡驻日本大使的职位空缺。黄望青以其多年来参与社会活动及参加议政时所表现的才华为社会各界所认同，经新加坡中华总商会会长孙炳炎、副会长张泗川的推荐，于 1973 年 6 月受命为新加坡驻日本特命全权大使。1978 年 11 月又兼任驻韩国特命全权大使。直到 1980 年 9 月任满为止。

驻日本期间，黄望青促成了日本在新加坡工业投资的增加，促进了新加坡对日本贸易的迅速发展，改变了新加坡长期贸易逆差的局面。同时，在发展旅游和促进文化事业发展方面，他也取得开拓性进展：日本到新加坡的旅游人数从 12 万人增加到 28.5 万人，争取了日本企业界投资新加坡科学馆和国家剧院的建设。为表彰黄望青的政绩，1978 年新加坡总统向他颁授"勋绩奖章"。1980 年在他卸任回国的欢送酒会上，日本外交部次长高岛益郎致词说："阁下精通日文，秉性和蔼，在各国驻日大使中，可谓

新加坡驻日本特命全权大使黄望青（1973 年 10 月）。（引自《从鼓浪屿到新加坡》）

日本田中角荣首相（左2）访问新加坡，举行日、新极峰会议。新加坡总理李光耀（右2）、驻日大使黄望青（右4）等出席。（引自《从鼓浪屿到新加坡》）

最孚众望与最成功者。""能具有阁下之活力、智慧与苦干精神者，实不多见。"

评说黄望青的经济活动能力，不能不提他在渣打银行的作为。渣打银行是新加坡、马来亚最大最老的银行，早在"集华公司"任职期间，望青就常陪同老板与渣打银行接洽金融业务事宜。交往中，他应付自如的风度和圆熟的经营手段，深得渣打银行经理约翰·威尔逊的赏识。1959 年冬，渣打银行的华人经理有意告老，威尔逊诚邀望青接替该职，但望青以自己另有业务不便兼顾为由，多次婉辞，后来渣打伦敦总行经理出面恳请，望青终在 1961 年 1月出任渣打银行营业顾问。此后他上午在渣打银行上班，下午在"集诚公司"工作。在渣打任职期间，望青以其多年从商的丰富经验，众多亲密的人脉关系及深厚的经济学根基，成为银行与华人工商界联系的桥梁，为银行的业务发展作出突出的贡献。1985 年7 月，黄望青从渣打银行退休，银行人事部代表总经理向全行上下发出"惜别书"，感谢黄望青近 25 年的服务，并祝他长寿快乐。

这"惜别书"是在及其特殊的情景下发出的，其祝福更满含黄望青晚年的心酸。原来的计划是举行一次隆重的欢送会，但当时渣打银行已决定在厦门设立分支机构，仍想借重黄望青。香港渣打银行经理白朗便邀请望青一同访问福建。在离开厦门那天的早晨，白朗向福建省政府方面表达了这个意向并得到支持。但就在一个小时后，新加坡传来了黄望青为人担保的几笔银行贷款，包括渣打银行的一笔相当数目的贷款出了问题的消息。黄望青匆匆赶回新加坡处理了相关的债务问题，然后移居香港。举行欢送会已不合时宜，但渣打银行仍然以这样的一纸"惜别书"向他致意。

黄望青尽其所能认真理赔，由于资不抵债，已几乎一无所有。幸好他曾以300万港元参加何瑶焜先生在澳门的房地产投资，无已亏损了50%以上。何先生念旧，仍以300万元如数归还。黄望青因而还可以保持有尊严的生活。

1984年10月，黄望青回到福建厦门，这是整整50年后首次

离别50年后，1984年10月黄望青重临当年的校舍厦门大学映雪楼。左3起黄望青、福建省侨办副主任黄猷、厦门大学副校长王洛林。（1984年）（引自《从鼓浪屿到新加坡》）

返乡。他到厦门大学领取了毕业证书，接受了学位，而这竟成了他回归学术的先兆。他没有被逆境压倒，在香港，他整理、补充、重新出版了《他山之石》等著作，介绍日本、新加坡发展经济的经验，并多次到大陆讲学。直至最后的日子，他的生活仍是充实、满足的。

"极一生无可如何之遇"，黄望青不能无憾而终无悔。

东南亚是华侨最集中的地方。从清朝末年朝廷承认华侨为帝国的臣民到第二次世界大战结束的整个"华侨时期",华侨在政治上认同于中国,为中国的独立与国家的近代化、民主化作出了重要的贡献。抗日战争中的同仇敌忾、出钱出力以至热血青年的直接参战,更是华侨史上光辉的一页。功不可没,人不可没。其中代表菲律宾华侨先后担任南洋华侨筹赈祖国难民总会副会长的李清泉、杨启泰均与鼓浪屿有着深厚的渊源,而杨启泰就是从鼓浪屿走向世界的莘莘学子之一。

菲华侨领

1937年7月,中国抗日战争全面爆发。日本侵略者的炮声震撼了海外侨胞的心,抗击日本侵略者、挽救中华民族——共同的敌人、一致的目标,使海外华侨的民族意识和爱国热情空前高涨。南洋华侨争相成立抗日团体,自发开展的救亡活动如火如荼。人们纷纷感到如此大规模的群众运动不能没有统一的组织,不能没有强有力的领导。1938年10月10

菲律宾华侨富商、南侨总会副主席杨启泰。(洪卜仁供图)

日，南洋华侨筹赈祖国难民总会（简称南侨总会）在新加坡成立，公推陈嘉庚（新马侨领）为主席，庄西言（印尼侨领）、李清泉（菲律宾侨领）为副主席。南侨总会是东南亚华侨抗日救国运动的最高领导机构，有史以来首次将南洋 800 万华侨，近 3000 个抗日团体团结在一起，同仇敌忾，同舟共济，成为中国抗日民族统一战线的重要组成部分和世界反法西斯战争的积极力量。1940 年 10 月 27 日李清泉因病在美国逝世，菲律宾侨领杨启泰被推为南侨总会副主席。国难当头，担任如此重要职务的杨启泰就来自厦门鼓浪屿。

杨启泰，祖籍福建龙溪，1898 年 1 月 21 日出生。少年时代随父亲杨忠懿居住在鼓浪屿杨氏家族建造的"杨家园"里，就读岛上名校英华书院。他天资聪明又勤奋好学，在学校名列前茅。未及毕业，便随父亲南渡菲律宾，入圣德兰学院学习，毕业后在祖父创设的瑞隆兴铁业公司工作。他善于学习、勤奋经营，表现卓越，渐被委以重任，历任公司的经理、总经理、董事长。

在成功经营企业的同时，杨启泰热心华侨公共事务。1928 年出任菲律宾华侨教育会长，适逢世界经济危机爆发，该会辖下的 7 所华校因经费短缺几近停办。危难之际，杨启泰出资助校。渡过难关后，又着力开源节流，增建校舍、扩充设备，使学校得以进一步发展，使马尼拉华文教育事业得以稳步成长。杨启泰因而赢得华侨社会的敬重与信赖。

1931 年"九一八事变"后，面对日寇步步紧逼的威胁，为加强抗击侵略者的力量，各国华侨捐款支持国民政府筹建空军。杨启泰担任中国航空救国建设协会菲律宾分会主席。他搁下自家公司繁忙的业务，四处奔走，动员侨众购机救国，并与李清泉带头各认捐一架战斗机。[1] 广大华侨纷纷响应，共捐款购机 15 架，送给奋勇抗日的 19 路军，创华侨捐款购机支持抗战的先例。[2]

1937 年 7 月，卢沟桥事变爆发，菲律宾掀起了声势浩大的抗日救亡热潮。菲华各界成立了"菲律宾华侨抗敌后援会",杨启泰担任副主席。1940年10月李清泉病逝后,杨启泰被推为南侨总会副主席,与陈嘉庚、庄西言共同领导东南亚各国华侨,以财力、物力、人力支援祖国的抗日战争。几年间,杨启泰一直为声援祖国、抗击日寇而奔走呼号。他参与领导菲华社会抵制日货,救济伤员难民,组织各阶层华侨以多种形式筹募巨款汇回祖国。据统计,自1938年到1941年,菲律宾华侨捐献1100余万比索(折合美元550余万元)及大量的军需物资,[3]有力地支持了祖国的抗日救亡斗争。菲律宾华侨在捐款救国方面作出的巨大贡献,受到国内各界人士的赞誉和政府当局的表彰。

1942年7月,日军占领菲律宾,随即逮捕杨启泰,威逼利诱他在华社中筹募巨款资助日军。杨启泰拒绝配合,日军没收其所有财产,并将他关押,直到1943年才将他释放。

抗战胜利后,菲律宾百乱待理、百废待兴,杨启泰被推举出任菲律宾华侨救济复兴委员会主席。他殚精竭虑,积极投身救济灾民及复兴重建工作,协助当地菲律宾华侨一步一步走出战争的阴影。

1946年7月,菲律宾共和国宣布正式成立,成为主权独立的国家。一时间民族主义情绪高涨,政府实行扶持原住民的经济民族化政策,国会先后通过了零售商及若干行业菲化案,限制华侨经营,打乱了华侨的经济以至社会结构。杨启泰相继出任华侨福利委员会主席、华商联合总会理事长,领导广大侨胞据理力争,终使菲律宾国会撤销和改变了一些针对华侨的法案和条例,有效地维护了广大侨胞的合法权益。

在新的形势面前,杨启泰致力于菲律宾经济建设及发展交通事业,创设北方汽车公司及南方汽车公司,执菲律宾汽车行业之牛耳;并出任菲律宾交通银行行长、总经理、董事长等,在当时菲律宾金融界据有重要地位。同时他领导的菲律宾华商联合总会积极鼓励、推动华商转变观念,将商业资金转移到企业经营,为华侨的生存发展开拓新的空间，也为菲律宾的经济发展作出了巨大的贡献。

　　1983 年 4 月 15 日，杨启泰在菲律宾逝世，享年 84 岁。

注释：

[1] 文存厚：《菲华先贤杨启泰》，《闽园》第 25 期（1991 年 3 月）第 76 页。

[2] 邱荣章等编：《菲律宾华侨与抗日战争》，香港荣誉出版有限公司 1999 年版，第 11 页。

[3] 同注 [2]，第 18 页。

秀外慧中的鼓浪屿，地灵人杰。从鼓浪屿走向世界的名家才俊，有如一颗颗耀眼的恒星。尽管我们截取的仅是20世纪初至30年代抗战前的历史片段，仍还有许多名贤未能尽录。以下特辟一章，作点将式的介绍。而遗珠之憾，还是在所难免。

星汉灿烂

殷雪村（1877—1958），新加坡著名医生、华人领袖。生于鼓浪屿，14岁起在厦门同昌药房习医，曾迁居台湾。自福州鹤龄英华学校毕业后，1898年移居新加坡。后入加拿大多伦多大学，获医学学士；入伦敦大学，获英国皇家内科学院院士和硕士的资格证书。1906年他与著名医生林文庆共同发起成立禁烟团体振武善社，筹集资金建立戒烟中心，免费为吸毒者提供戒烟服务。1911年组织新加坡华人第一个足球俱乐部，提倡体育健身。

新加坡著名医生、华侨领袖殷雪村。（华侨博物院供图）

1911—1913年，任新加坡工部局成员；1920年，与林文庆等合资创办新加坡华侨保险有限公司，1920年任平枭局副主席；同年受封太平局绅。

马约翰（1882—1966），体育教育家，出生并成长于鼓浪屿，幼年就读教会创办的福民小学，1900年被教会送到上海明强中学

20世纪50年代，马约翰与夫人在清华园里。（华侨博物院供图）

被毛泽东称为"中国最健康的人"的体育教育家马约翰（中）。（华侨博物院供图）

就学，1911年毕业于上海圣约翰大学化学系，1926年获美国春田大学体育硕士学位。曾任清华大学教授、体育部主任，全国体育协进会委员，第十二届奥林匹克运动会中国田径队总教练。新中国成立后，历任清华大学教授、体育教研组主任，全国体总副主席、主席，国家体委委员。是第一届至第三届全国人大代表。毕

李嘉禄右从事钢琴教学达40年，以治学严谨、耐心细致、循循善诱著称。（华侨博物院供图）

生致力于发展我国的体育事业，在体育理论、体育教学、运动训练等方面造诣较深。著有《体育的迁移价值》。

李嘉禄（1919—1982），生于厦门同安，母亲是鼓浪屿渔民的女儿，曾就读教会学校明道小学，熟悉五线谱并会弹风琴，是李嘉禄的音乐启蒙老师。李嘉禄小学毕业后，进入鼓浪屿教会的寻源中学就读，1938年考入福建协和大学生物系，同时师从福路教授学习钢琴，1942年毕业，留校任钢琴助教。翌年受国立福建音乐专科学校聘，先后任讲师、副教授等职。1948年赴美，入内布拉斯加州道安大学音乐系，获文学士学位后转入州立大学研究院，1950年获硕士学位及全美荣誉奖和金钥匙一枚。同年回国，任金陵女大音乐系教授及系主任，兼南京中央大学音乐系教授。1952年全国院系调整，任上海音乐学院钢琴系教授及副系主任。在 40 年的教学生涯中，为国家培养出的钢琴演奏人才及教学骨干有顾圣婴、郑曙星、林恩培、王叔培、张修明、项信恩等。同时在福建、美国和南京期间，经常巡回演出。著有《钢琴基本技术练习》、《钢琴表演艺术》等。作品有《中国民歌主题奏鸣曲》、《清江河》（改编曲）等，灌制的唱片有《花鼓》（瞿维）、《#F大调夜曲》（肖邦）等。

于以同（2排中立者）、于长城（4排左1）、于长庚（后排中立者）与菲律宾华侨商报编辑部及营业部员工合影（1940年）。（华侨博物院供图）

于以同（1881—1942），菲律宾《华侨商报》创办人，抗日烈士。辽宁旗人后裔，祖先随清军入关，后奉派到福建福州落籍。曾在鼓浪屿任教师，后受聘赴菲律宾出任《商报月刊》编辑；1922年中华商会会刊《商报月刊》改组为《华侨商报》，于以同担任社长。他以宣扬民族气节、社会正义、敢说真话、坚持言论自由为办报宗旨，毕生努力践行。中国抗日战争爆发后被选为菲律宾华侨援助抗敌委员会宣传主任，极力主张抗日救国。1942年1月被日军逮捕，同年4月15日惨遭杀害。

于长城（1917—1990），于以同长子，菲律宾爱国华侨、新闻工作者。1917年，生于菲律宾，7岁回国，定居鼓浪屿，就读福民小学。13岁随父返菲律宾。1938年担任菲律宾远东大学学生会会长时即从事抗日活动。战后，与其弟于长庚（1922—2007）继承父亲遗志，共同恢复由父亲创办的《华侨商报》，分任社长和总编辑。他们坚持进步立场，发扬不畏强权、公正办报的精神，以菲律宾《华侨商报》为阵地，宣扬社会正义，坚持言论自由。曾被马科斯政府逮捕入狱。1970年于氏兄弟被马科斯政府以莫须有罪名强行遣送台湾审讯、监禁。由于国际舆论的声援，1972年于长城获释，定居美国，创办咨询服务机构，并在中美恢复邦交后参与创立旧金山华侨总会。曾任在中国大陆创办的第一家美籍华商银行——建东银行厦门分行总经理，并应邀任中国新闻社理事会理事。努力促进菲中友谊。1973年于长庚获释，定居加拿大。1986年2月马科斯政府被推翻后，兄弟俩返回菲律宾复办华文《商报》。

1990年，于长城在美国旧金山逝世，菲律宾总统克拉松·阿基诺派专机到美国，将其遗

于长城（后排右1）、于长庚（后排右2）与弟妹合影。（华侨博物院供图）

体运回菲律宾，安葬于马尼拉。

　　远在加拿大的于长庚每天主持《商报》笔政，他所执笔的《时事速评》是菲律宾读者们每天必看的文章。2007 年，于长庚在加拿大逝世。

　　1996 年和 2007 年，菲律宾英雄碑基金会 (Bantayog ng mga Bayani Foundation)先后在马尼拉计顺市迪利曼区的英雄园内隆重追封已故的于长城和于长庚为抗暴政反独裁英雄。于氏兄弟的英名双双被永久刻在英雄墙上，永载菲律宾史册。

群 彦归来篇

闽南多华侨，他们中的成功者自然也成了市井小民街谈巷议的对象，而当年最为人津津乐道者，则莫过于黄奕住这个名字，单就其从肩挑小担的剃头匠奋斗到成为印尼华侨商业巨子这段传奇，誉之为"经营之神"也毫不为过。在鼓浪屿，数十幢美轮美奂的别墅也无言地告诉路人，这是一位爱国华侨留下的一道风景线。黄奕住急公好义、乐善好施、泽被桑梓，令人钦仰。而更主要的是，黄奕住将从南洋转移回来的资本投入到国家近代化急需的城市公共事业、民族金融业等，开华侨在国内投资兴业之先河，功在当代，利及后世。

南侨巨擘

在闽南侨乡流传着这样的民谣："番平若是真好赚，许多人去几回旋，都是家乡环境逼，只着出门度难关。"道出了早期华侨离乡背井的无奈、谋生海外的心酸和衣锦还乡的艰难。

然而，在 1919 年，一幕精彩的衣锦还乡、光宗耀祖的人间喜剧在厦门鼓浪屿上演了。

这一年的 4 月，印尼华侨商业巨子黄奕住处理了在海外的绝大部分产业，将约合2000 多万美元的资金汇回祖

印度尼西亚华侨富商、中国民族实业家黄奕住。（华侨博物院供图）

国 [1]，携眷定居在距家乡不远的厦门鼓浪屿，完成了一次家族和财产的跨国大迁徙，开始他生命的又一个高潮。

黄奕住一向敏锐、果决，多谋善断，具有过人的气魄和国际化的视野，他明智地选择将家安置在易于适应、适宜居住和发展的租界区鼓浪屿。这位去国多年眼界开阔的大富豪，骨子里依然是很纯粹的中国式大孝子，回国后做的第一件事就是将母亲从家乡南安接来鼓浪屿，为母亲祝寿。

1919 年 6 月，黄奕住搭了两个戏台唱戏，宴请 500 多宾客，大张旗鼓地为 74 岁的母亲庆寿。

家有喜事散财施舍是家乡的老传统，黄奕住在住宅旁放置一个大木桶，装满上了红色颜料的银元，任前来的民众自取。他规定每人只可拿一个银元，个别人想多拿几个银元，无奈手上已沾有红色，只得作罢。精明的黄奕住略施小计既断了少数人的贪婪心思，也让更多的人利益均沾。

当天贺寿的、看寿星的、看戏的、奔着银元来的人，蜂拥搭船渡海来到鼓浪屿，把黄家周边挤得人山人海，盛况空前。

很快，厦鼓百姓都知道，富有的印尼华侨黄奕住来鼓浪屿定居了！富有的黄奕住是大孝子！人们口口相传一句口头禅："若要富，要学黄奕住。"

正如灰姑娘变成公主的故事引人入胜一样，黄奕住从一个贫穷卑微的剃头匠，成为拥资千万的大富豪，他的故事，他的传奇，在闽南地区、在南洋各地、在市井坊间，一传十，十传百，成为人们津津乐道的话题，成为财富和荣耀的代名词，成为人们关注的焦点和向往的彼岸。

追溯黄奕住生命的源头，那是在距厦门 100 多公里的南安县十四都（今金淘区）楼霞图（今楼下乡）石笋村。1868 年深秋，一个普通男孩降生在这个贫穷山村的一户贫穷农家。那年头天灾人祸，闽南农村的婴儿死亡率很高，黄家父母给儿子取名阿住，渴望保住这个可以传宗接代的男孩，保住一个飘渺又实在的希望。

当时清朝已走到穷途末路，帝国主义列强的侵略日益加剧，农村自然经济逐步解体，农民生活极度贫困，孩童阿住勉强读了几年私塾，随着弟妹相继出生，家里再也无力供他继续上学，只好辍学帮助父母种田养家。南安自古地少人多，仅靠种田难以温饱。12 岁的阿住希望能凭借手艺谋生，便随伯父学习理发。3 年出师，肩起剃头挑子，走村串乡，为人理发挣钱养家。

阿住家族在当地虽属大姓却是弱房，剃头师傅干的又是下贱的活儿，阿住早出晚归辛劳奔波，挣的钱少，受的气多。

一天，阿住为一豪绅理发修面，那豪绅忽然咳嗽，阿住冷不及防，剃刀轻微伤了豪绅的额角。豪绅大怒，恶言恶语劈头盖脸地抛向一再赔礼道歉的阿住，并吓唬日后要找他算账。阿住自知惹不起对方，只好躲到外地避祸。

家乡不好呆了，在听说南洋一带挣钱容易、发财有望时，16 岁的阿住于 1884 年随同一些同乡一起出洋，先到了新加坡，后又流浪至印尼苏门答腊岛的棉兰市，1888 年移居到中爪哇的三宝垄市。在这 4 年的漂泊生涯中，他在街头巷尾设一流动理发摊，靠剃头谋生，当地华侨称他为"剃头住"。

"剃头住"在工作中与当地社会的下层民众及华侨有着广泛的接触与交往，他灵巧好学，很快掌握了爪哇语言，了解了这里的风俗民情。他深感剃头挑子承载不了自己致富发财的梦想，他要寻找一条适合自己发展的路子。

一个偶然的机会，"剃头住"向老华侨魏嘉寿说了自己的想法，魏嘉寿支持他大胆尝试，并且借他五荷兰盾，加上平时省吃俭用积蓄的一点钱，"剃头住"破釜沉舟，将剃头工具扔进大海，肩起货郎小担。这是黄奕住作出的具有转折意义的正确选择。

黄奕住每天清晨挑着各种日用杂货及食品，走街串巷沿路叫卖。他明白自己的顾客是收入微薄的人群，便以薄利多销、以物易物、代购、代售等等措施来满足他们的需要。黄奕住细心观察市场动态，将经营项目由杂货改为咖啡、糕点，他依然一如既往地诚信待人、尽心服务，赢得了越来越多的当地人及华侨的好感和信任，拥有越来越多的主顾。后来，他用多年积蓄租了一个固定摊位，摆设咖啡茶档，兼卖食品。

早期华侨社会，单身男性在异国他乡为了生活、生意等需要，有两头家习俗[2]。1890年，黄奕住征得远在家乡的未婚妻的同意，娶了一位勤劳能干的侨生少女蔡缰娘。

蔡家在印尼已居住数代，是当地华侨的大族，他们享有当地土著居民的所有权利。这个婚姻使黄奕住的生意多了个难得的好帮手，也为日后在社交、经商、购置产业上带来很多便利，使他的致富发达之路少受很多限制而更加便捷通畅。

婚后，黄奕住和蔡缰娘通力合作，精心经营，买卖越做越顺。1891年，他将摊位扩展成一家正式的杂货店，取名为"日兴"，寓日日兴隆之意。

19世纪末至20世纪初，中爪哇地区成了世界主要制糖及经营糖业的中心之一。黄奕住敏锐地觉察到经营糖业的发展前景，1895年开始，便转向以经营糖业为主。他向各中小榨糖铺收购大量的蔗糖，批发转售至爪哇及印尼各地，并组织输出至新加坡及欧美各国，获得可观的利润。随着事业的发展，1910年，他在三宝垄繁华的商业街购置了一座较大的店屋，正式成立"日兴行"。此后，他相继在巴城、泗水、棉兰、巨港、北加浪岸及新加坡等地设立了分行。这是黄奕住在商业上取得第一次重大发展的时期。1914年，他的总资产已达300万盾以上，他的名字被编入《世界商业名人录》。

第一次世界大战爆发后，不少糖商担心欧战会影响货物输出，持款犹豫观望。黄奕住以过人的胆识，雄厚的资金，乘势收购大量的蔗糖。由于战争影响供应，欧洲各地糖价大涨，"日兴行"因而又获得相当丰厚的利润。

此后几年，黄奕住在险恶的商战中几遇风险，他凭借既往良好的信誉构建的人脉网络，凭借过人的胆识和魄力，克服重重困难，化危机为机遇。至1919年，黄奕住的企业王国已形成跨商业、银行业、保险业、房地产业、种植业等多个行业，跨印尼、马来亚、新加坡、中国等多个国家和地区的态势，富甲一方，雄踞南洋。

一战结束后，荷兰殖民政府为弥补大战中遭受的损失，加紧了对其殖民地印尼的人民和广大华侨的剥削压榨，下令华商必须补交1914年至1918年间的战时所得税，以及其他因战争影响而停征的税收。此举一箭双雕，既能掠夺华商合法财产又可达到排斥以至扼杀华侨工商业的目的。黄奕住的"日兴行"被课补交各项"战税"1500万盾。按照当时荷印殖民政府的政策，拥有荷兰国籍者享有减税的权利，有殖民政府官员动员黄奕住加入荷兰国籍，说这样就可以享受减免税收的好处。而日本驻三宝垄领事也企图拉拢和分化华商，以将提供"保护"为由，邀请黄奕住加入日本籍。面对实际利益的诱惑、取舍，黄奕住深知入籍荷兰或日本，对自己今后的发展和财产的保护无疑大有帮助，但放弃中国国籍，这远远超出自己的底线，断然不能同意。一时间，几十年来在家乡、异国遭遇的风风雨雨，几十年来鏖战商海备受打压排挤的经历……这一切涌动在黄奕住的胸中，激发起强烈的民族自尊心和爱国心，他从更深的层次理解、认识、处理这件事：荷印殖民政府穷凶极恶贪得无厌，施行苛刻税率，将来自己的辛苦经营所得，也可能会尽充外库，徒劳无功。而长期以来，清政府孱弱无能，听由华侨在海外任人宰割、自生自灭；如今，自己倍感失望的清朝已被推翻，新的政府已发表过多次欢迎华侨回国参加建设的声明。黄奕住在对殖民政府的压迫、歧视切齿痛恨的同时，听到来自远方的祖国的召唤，感受到一股难以抗拒的力量，决定业成返国。

有朋友见他决定返国，劝说道："中原多故，不如此间乐。君雄于赀，何地非吾土，为终焉计，不亦善乎？"[3] 黄奕住回答："吾为中华民国之国民，安能忍辱受人苛禁，托人宇下，隶人国籍者乎？且我国地大物博，建设易为功，畇畇禹甸，宁非乐土？天下事在人为耳。"[4] 寥寥数语掷地有声！回国定居，是黄奕住人生旅途的又一次重大的决定。创业印尼35年，他从一文不名到腰缠万贯，这片土地上有他奋斗的血汗和成功的骄傲，更有与他共创家业相濡以沫的印尼妻子和女儿，离开这里他真有很多很多的不舍。

可是远方的故乡有养育自己成人的老母亲，有饱尝离别痛苦的元配妻子和子女，有自己生于斯长于斯的家园，更有正渴望摆脱穷困走向富强的祖国在召唤着华侨、召唤着自己回来投资建设。所以纵使有再多再大的不舍，黄奕住也不再犹豫了。

于是，在将"日兴行"另行注册，改易经理，结束了棉兰、巨港及北加浪岸等地分行及办事处的业务，把三宝垅的不动产业划归妻子蔡缊娘及女婿许春隆接管后，1919年4月5日，黄奕住将所积资金约合2000多万美元汇回祖国[5]，结束了他侨居印尼35年的生活及事业，择居厦门鼓浪屿，成了其时携资回国最多的华侨。[6]

之所以选择鼓浪屿作为落脚点，黄奕住是有很周全的考虑的。其一，这里离家乡南安很近，习俗相近语言相通；这里是租界，是西风东渐较早着陆的地方，有很浓厚的欧陆风情。这两个特点，对于去国多年，习惯了西方生活方式的华侨富商来说，既可满足叶落归根的情感需求，又可享受到优雅舒适的欧化生活，两全其美。其二，厦门是中国的优良港口之一，是少有的几个较具外向型经济传统的城市，这有利于黄奕住已有的和即将开创的跨国业务的开展。其三，厦门是著名侨乡，是华侨重要的出入国口岸，这里有数额可观源源不断的侨汇，这是实现他通过金融机构汇集华侨

颜允懋／颜如璇／颜园园 著

资金，投资福建经济建设心愿的理想地方。就这样，黄奕住确定了这个既可向外扩展、又可向内延伸，可进可退的地方，作为家族财团的新的大本营。

与当年离家去国时那个对外部世界一无所知，对未来茫然无措的山区少年和在印尼打拼时走一步看着、想着下一步的小商人截然不同，定居鼓浪屿的黄奕住，踌躇满志，成功在握，他拥有相当雄厚的资金，拥有丰富的商场历练，拥有跨文化、跨国界的国际视野，拥有对未来周密的规划与设计，拥有现代型企业家必备的开明的用人之道，他想大有作为，他能大有作为。

黄奕住从华侨的经济活动屡屡受到西方银行资本的掣肘和刁难这一现实中，清醒地认识到必须建立华侨的银行及本国的银行配合发展华侨工商业，振兴祖国实业。1919年4月回国途经新加坡时，他就与李光前、李俊承等闽籍华侨共同发起、投资创办新加坡华侨银行。8个月后，他来到菲律宾马尼拉，又与李清泉、薛敏佬等菲华领袖商议，共同投资中兴银行。自开办起，这两家银行就采取诸多措施，为华侨中、小企业提供信贷等各种金融服务，赢得广大华侨、华商的信任，取得良好的信誉，业务蒸蒸日上，还在上海、厦门、香港等地设立分行及分支机构。1920年4月，他在厦门开办日兴银庄，吸纳华侨存款，吸纳社会游资。

中南银行广告。（华侨博物院供图）

这期间，黄奕住还在香港和上海调查、考察，看到上海工商业快速发展，急需大量资金，而华侨手中握有大量资本，银行正可在这供需之间起中介作用。他想，投资银行，既可吸引华侨资本回国投资，可在金融业中增加中国资本，改变外资银行称霸上海金融市场的现状，为国家夺回部分利权，又可以为自己获得高额收益。

黄奕住深知在上海这个各路能人齐聚竞争的地方，人才对企业的成功与否起着决定性的作用，他特邀《申报》董事长史量才一同筹办银行，并考察、物色、聘请到了既了解国内政局又精通银行业务的金融界达人胡笔江任总经理。

1921 年 7 月，中南银行在上海汉口路正式开业，黄奕住首期认股 350 万元，占全部投资的 75%。由于中南银行是当时全国最大的侨资企业，也由于任用了稳健缜密之金融领袖，很快便成为全国可以发行钞票的三大银行之一。开张不久，中南银行又联合盐业银行、金城银行和大陆银行共同成立四行联合营业事务所，联合进行放款业务并设立四行准备库，联合发行中南银行钞票。四行准备库成功地规避了挤兑风险，取得了发钞额稳步上升的骄人成绩，成为中国商业银行史的一个创举。

黄奕住用人不疑，一旦选中什么人，便充分信任，放手让其全权负责，不加干涉。他一直很尊重胡笔江，即使是做重大决策时胡笔江与自己意见相左，他亦不将自己的意志强加于对方，体现了一个现代企业家的胸襟。

胡笔江执掌的中南银行广泛地吸收侨资和社会游资，既进行生产性投资，还涉足金融、房地产、商业、保险及信托等非生产领域，并使这些资金安全有效地进行运作，还在北京、天津、汉口、厦门、鼓浪屿和香港开设分行或办事处，银行信誉和业务稳步上升。

这一时期黄奕住在金融领域的活动，使他跻身于中国第一代现代型企业家佼佼者的行列。而在厦门和鼓浪屿，他凭借自己的资金、见识和经验等优势，为这里的城市近代化建设作出了旁人难以企及的贡献。

厦门和鼓浪屿是偏处我国东南沿海的两座紧邻的小岛。鸦片战争后，鼓浪屿在外国人的掌控下市政建设刚刚起步；而对岸的厦门，直到1919年依然市容肮脏零乱，市政建设几乎空白。黄奕住选择这里作为定居地和经济活动的指挥基地，他的跨国经营、他的生活起居，都对厦门的交通、通讯、金融、商业、饮水等提出了相应的近代化要求；再看看周遭，已经20世纪20年代了，厦门的父老、百姓还生活在脏乱荒蛮的状态中。他想起自己生活多年的印尼三宝垄。十几年前三宝垄成立了市政委员会，并成功地将荷兰城市管理的机构与制度移植到三宝垄市，开展了一系列有关居民住宅建设和改善人民卫生状况的工作，大大加快了城市近

矗立在被称为中国华尔街的上海汉口路的中南银行总行。（华侨博物院供图）

代化的步伐。黄奕住决定倡立市政委员会，推动改造厦门、建设厦门的工作进一步全面展开。

黄奕住向厦门的士绅名士力陈厦门城市建设的紧迫性，建议成立市政委员会，得到大家的积极响应。1920 年春天，厦门市市政委员会成立了，黄奕住被推为副会长，并在以后的日子里，成为厦门市政建设的实际主持人。

市政会号召各界合作，发动海外华侨与国内富商投资，开辟马路，填海扩地，兴建楼房，建设公共设施，发展公用事业，使厦门的城市建设得到极大的改观。而黄奕住更是把巨额资金和大量精力投入到市政建设中。

1920 年的厦门，说它是个小镇或许更为准确。城区地狭人稠，居民为扩大住房随意占用公路，条石或碎石铺就的街道狭窄曲折，逢到雨天四处泥泞。黄奕住和市政委员们认为，厦门市政的建设，首先要解决交通与街道问题，两者应同时并举。就在 1920 年的夏天，随着第一条马路破土动工，厦门城市近代化迈出了关键的一步。这条最早的马路被命名为"开元路"。

在对岸的鼓浪屿，黄奕住独资开辟一条"日兴街"，这是鼓浪屿第一条按照设计图纸施工、由整齐的楼房组成的骑楼式街道，也是厦门市街道近代化起步的标志之一。

道路建设初见成效，黄奕住又着手修公路、建码头，组织市区与近郊、厦门岛与内地的水陆联运的配套设施建设，投资创办全和汽车公司和海通船务公司。水陆联运的实现，对促进闽南地区城乡物资交流、旅行及各项事业的发展，起了重要的作用。

黄奕住经过考察，着手进行对厦门市政公用事业的投资。

他了解到厦门和鼓浪屿长期以来，食用水只靠天上的雨水、地下的井水以及水贩子用船运来贩卖的九龙江淡水。这些水未经消毒过滤，很不卫生。他认为淡水供应是关系市民生活的大事，必须尽快加以改善。1920 年黄奕住发起筹办厦门自来水公司。他认购 4000 股，是第一大股东。

同创办中南银行一样，既有巨额资金的投入，又以重金礼聘高级专才。1921 年，黄奕住聘请从美国哈佛大学学成归来的林全成担任总工程师，为其支付全市最高月薪。

林全成不负期望，在厦门上李山脚下找到优质水源，他精心设计、督建的长堤、蓄水池、水塔，曾长时间地哺育、滋润着小城的居民，至今依然是厦门一道美丽的风景。

厦门自来水公司设备先进，管理严格，水源好，供水质量高。来往于厦门的各国商船，在试用厦门自来水公司所供之水时，曾用各国多种仪器化验，确认厦门自来水的水质居东亚首位。"远东第一水厂"的美

上李水库堤坝。（华侨博物院供图）

誉让厦门自来水公司声名远播。后来，厦门自来水厂又增资40万元，在厦门和鼓浪屿建设上下水码头，每天将滤清的水运往鼓浪屿，为鼓浪屿居民供水。

黄奕住的目光又投向了厦门迫切需要扩展与完善的电话公司。

居住在鼓浪屿，黄奕住看到鼓浪屿的电话业务竟由日本人掌控着，一水之隔的厦鼓两岸，两家电话公司分属中、日籍人所有，彼此没有联系，两岸居民无法通话，不便之外，更有主权旁落的屈辱，他决定尽快收买日商川北电话公司。

1921年黄奕住收购了厦门德律风公司，又应厦鼓人民的要求，设法收购了日商川北电话公司。他从上海聘请专家任总工程师，增加投资，对原有话机、电杆线路进行改装，采用美国出产的新式机件，扩充通话容量，培训接线员，提高员工待遇。他又投资铺设厦门至鼓浪屿的海底电话电缆，让厦鼓之间直接对话；投资漳州通敏电话公司等，沟通厦门与内地的通讯联系。

作为一家之主，黄奕住向往温馨和乐的家庭生活。回国不久便为家人兴建了被誉为"中国第一别墅"的黄家花园和观海别墅等高尚住宅。作为主持工作的市政委员会副会长，造福桑梓是他放不下的责任。自己的居住环境如此华丽舒适，可周边居民的住宅低矮简陋、卫生设备很差。无疑，开发房地产，大可作为。他大举投资房地产，至1935年，他的黄聚德堂股份有限公司就建房160座，建筑面积达41457.7平方米，在厦门所有房地产开发商中位居第一。他将其中的135座楼宇出租给市民居住。这些房屋，糅合中西建筑的艺术，一改厦门房子不对外开窗的旧习惯，注意采光，讲究通透、通风，更卫生、健康，更适宜居住。

幼年因贫困而失学的经历，使成功了的黄奕住特别关注国内的教育事业。1921年，当他在金融业、市政建设诸方面大举出击时，新马实业家陈嘉庚正捐献巨资创办厦门大学，黄奕住慨然捐资 109000 元，兴建教学大楼，又捐资添置图书设备，还多次帮助厦大解决经费困难；在鼓浪屿接办厦门女子师范改名慈勤女子中学；在南安独资创办斗南学校；在厦门同文中学和上海复旦大学捐建"奕住楼"；为广州岭南大学、上海复旦大学、北京大学、上海震旦大学等校捐款。他积极支持重修泉州开元寺东、西塔，独力承担东塔工程；捐款赈济各地灾民等等。北京民国政府授予他"急公好义"匾额，福建省政府授予他"乐善好施"匾额。

这位爱国的华侨民族资本家就这样，在一个百端待举的落后的小城，凭借自己立于时代前沿的观念和雄厚的财力，一步一步脚踏实地地把城市近代化的气息，把更健康的文明、更科学的生活方式通过自己开发的项目，引入鼓浪屿，引入隔海相望的厦门，渗透到鹭江两岸的市井坊间，渗透到周边的市镇乡里，渗透到父老乡亲日常生活的点点滴滴。

就在黄奕住进行这一切的时候，日本军国主义者正加紧对我国的步步入侵。"九·一八"事变使黄奕住忧心忡忡。1932 年他正在菲律宾视察业务，适逢中国航空建设协会号召海外侨胞献机救国，黄奕住立刻捐献 5 万元。1937 年 7 月，日本发动全面侵华战争。随着日军铁蹄日渐逼近厦门，有些人劝说黄奕住加入日本籍，以保全生命财产。黄奕住愤慨地回答："绝不加入外国籍，依赖外人。吾无意时髦。共赴国难，何惧之有？……"[7]

1938 年，在厦门沦陷前夕，黄奕住避居香港，后迁居上海租界。这期间，日军强占黄奕住的所有企业。1940 年，日军传话给他，准备发还他的企业，条件是须实行中日合作。黄奕住的回答是："企业本是我的，应该全部还给我。如果不还给我，你们就拿去吧。"态度鲜明地拒绝与侵略者合作。一位追逐利润的商人，在巨大的利益面前，保持凛然的气节，不被利诱，舍利而取义，坚守良知，追求超越价值，黄奕住已经成为令人仰慕的民族实业家。

与有的贫寒子弟发达后竭力隐匿或粉饰真实出身不同，黄奕住时常坦然地提起、甚至刻意地强调自己的卑微出身。在他华贵雍容的黄家别墅里，所有的房间都悬挂明镜，镜框雕刻着剃刀、须刷和掏耳筒。想不到当年被黄奕住沉入海底的理发工具，竟被"捞起"而抽象提取成为装饰，成为符号，成为"警语"，提醒后代子孙勿忘先辈来时之路的艰难辛酸。其实，商海历练、岁月沧桑，在大实业家黄奕住身上再难寻到那个理发少年的影子，只是善良依旧，真诚依旧。黄奕住以自己率真的坦然，践行着"英雄莫问出处，富贵当问缘由"的古训。

1945 年，黄奕住走到了生命的尽头，6 月 5 日，就在抗日战争即将胜利之际，这位爱国老人病逝于上海，终年 78 岁。

他曾是一个生活在社会底层无以为生的农民而被迫出洋谋生；由剃头匠、肩挑小贩而成为华侨富商；由一位自发的具有淳朴乡土观念的中国移民而成为具有高度国民自觉的、忧国忧民的华侨企业家和民族实业家。

回顾黄奕住的人生之路，可以看到：他善于审时度势并顺应时势而改变自己的活动，为了这种改变而不惜丢掉自己熟悉的东西。他的几次重心转向，都顺应了当地经济发展的趋势、潮流，据经济史学家赵德馨教授的研究总结：第一次是把肩上的剃头担换成货郎担，由手工匠人变成串乡小贩。这一步走对了，因为对于一个穷人来说，手中没有资本，要靠工资收入积累资本几乎不可能，华侨中由穷变富的人，大多数是从小商小贩经营中脱贫并积蓄起最初资本的。黄奕住的这次转向，顺应了华侨由穷到富的一般规律，使他踏上了由贫穷到小康到小富之路。第二次是由经营国内杂货业为主转为经营蔗糖的出口为主。这一步又走对了，因为这个时期印尼的进出口贸易发展很快，特别是其中的出口贸易增长快，蔗糖作为主要出口商品增长最快。黄奕住的这次转向，顺应了印尼经济发展的趋势，使他由一般商人变成了四大糖王之一。第三次是由商人变成金融家。这次转向顺应了世界经济和中国经济变化的潮流，使他在祖国经济舞台上演出了精彩的一幕，从而达到他事业的顶点，成为近代中国民族工商业史上一位无法忽略的人物。

注释：

[1] 赵德馨：《黄奕住传》，湖南人民出版社1998年版，第82页。

[2] 指在家乡及居住国各娶一妻，两边都有家。

[3] 苏大山：《南安奕住黄先生墓志铭》。

[4] 苏大山：《南安奕住黄先生墓志铭》。

[5] 黄则盘：《著名华侨黄奕住的事迹》，《南安文史资料》第4辑（1983年6月）。

[6] 赵德馨：《黄奕住传》，湖南人民出版社1998年版，第82页。

[7] 赵德馨：《黄奕住传》，湖南人民出版社1998年版，第330页。

2008 年 4 月 5 日，林文庆博士雕像在厦大校园揭幕。这位在厦门大学私立时期的 17 年中，当了 16 年校长，草创学校的管理体制和教学制度，手订"止于至善"的校训，为扩大办学规模、提升办学层次，殚精竭虑、任劳任怨的拓荒者，在逝世 51 年后，终于回到他梦绕魂牵的校园，接受厦大学子的瞻仰。

一段曾被刻意遗忘的历史终于被重新提起，校方说，竖立雕像的目的之一，是希望勉励所有厦大人时刻牢记先辈的不朽功勋。

林文庆校长，这一切，您看到了吗，您听到了吗……

南强归魂

1905 年，林文庆挚爱的原配夫人黄端琼不幸逝世，老朋友殷雪村医生将远在鼓浪屿的妹妹殷碧霞介绍给林文庆。可是殷母不答应这桩婚事：女儿受过良好的中英文教育，容貌与才华都无可挑剔，怎能嫁给丧偶且已有 4 个儿子的中年男子当填房呢？久居新加坡的殷雪村却极力赞同，并让弟弟殷雪圃在母亲身边进言撮合，终使林文庆在 1908 年将才貌双全的鼓浪屿名媛殷碧霞娶回新加坡。

原来，林文庆是当时新加

在东西方文化激荡下探索、追寻的林文庆。（引自《林文庆的思想》）

坡最杰出的华人知识分子之一。这位出生于 1869 年的第三代海峡华人 [1]，祖籍漳州海澄，在新加坡出生长大，幼时曾学过一点四书五经，上过新加坡莱佛士学院，18 岁时考取女皇奖学金赴英国爱丁堡大学攻读医科，是获得英国维多利亚女皇奖学金的第一位华人；1892 年获得医科学士和外科硕士学位，后又获香港大学荣誉法学博士学位。

1893 年林文庆学成回到新加坡开业行医。不久他为清政府驻新加坡领事黄遵宪治好了肺病，黄遵宪赠送一方"功追元化"的匾额答谢，并志跋语："……君从三万里外学成而归，上追两千年绝业，洞见症结，手到春回……"。[2] 林文庆因而声名远播，成了享誉新、马的名医。

智慧的人，不仅善于抓住机遇，更能洞悉别人忽视的契机，林文庆正是具有独到的眼光。

19 世纪 90 年代初，新加坡植物园主任里德利（Mr. Ridley）常常带着从巴西引进的橡胶种子分送给种植人，恳求他们先行试种，然而在很长一段时间里，他热情的宣传和慷慨赠送的种子，不被人们所接受，人们甚至嘲笑他为发疯的里德利。林文庆最先洞察到这种植物的经济潜力，看好橡胶的发展前景，

1886 年至 1888 年海峡殖民地女皇奖学金得奖人合影。前排左 1 为林文庆。（华侨博物院供图）

他鼓励好友陈齐贤试种，1896年陈齐贤在马六甲试种的橡胶获得成功，他们开设了东南亚第一家橡胶种植园。在1898年的马六甲展览会上，当他们首次将凝固的胶片向人们展示时，新马社会极大地轰动了。在他们的极力推动下，人们竞相种植，橡胶一跃成为马来亚的经济支柱，产量居世界第一，橡胶业的崛起为世界汽车工业的发展写下了关键的一笔。林文庆因而被誉为"橡胶之父"，陈齐贤被誉为"橡胶艺祖"，而陈嘉庚因为是第一个集橡胶种植、制造和贸易为一体的企业家则被誉为"橡胶大王"。他们和里德利一起成为公认的橡胶王国的四大功臣。[3]

从1912年起，林文庆相继支持和参与李俊承、林秉祥、黄仲涵、黄奕住、李光前等创办华商银行、和丰银行以及华侨银行；还与他人合资创办华侨保险公司，成为新马华人金融业的先驱者。

林文庆为人豪爽，博学而雄辩，曾公开反对英国把军费转嫁

为唤起华侨对政治、时事、学术及科学的兴趣，1896年林文庆（前排左2）等人成立"华人好学会"。图为该会音乐组。（华侨博物院供图）

给殖民地，反对殖民地政府的鸦片公卖政策，主张禁绝鸦片，勇于维护华族同胞的权益，深受当地人民的敬重，在新、马社会享有其他富商巨贾难以企及的崇高地位。曾三度当选立法局议员，担任过市政局委员、内务部顾问、中华总商会副会长等职务。由于对"海峡殖民地"的贡献，英皇特授予林文庆不列颠帝国勋章。

在林文庆生活的时代，英籍海峡华人是新马华族里一个享有特权的群体，林文庆作为其中的佼佼者得到了殖民政府和宗主国的不少恩惠，他与同时期的其他海峡华人一样，在政治上和情感上都认同大英帝国。然而，在他的心里也一直有种难以克服的矛盾，因为身边经常发生的英国人歧视、凌辱华族同胞的事常常触动着他敏感的自尊心，他日渐感到，即使"贵"为英籍华人，依然不可能享有与白种英人同等的待遇；另一方面，华侨社会也视海峡华人为另类，并不接受他们，而海峡华人中的一些陈规陋习也确实令人反感。这些都刺激着具有社会责任感、使命感的林文庆，他开始对民族、对种族进行反思，为自己族群的身份觅求定位。

林文庆通晓多国语言，西学基础深厚，留学英国期间，他因身为华人却不谙华文而受到其他中国学生的排斥。这个敏感的青年羞愧之后抓紧补习中文，在这个过程中他一步步地亲近中华语文和中华文化。

林文庆是达尔文主义的忠实信徒、进化论的积极鼓吹者，相信革新和进步。在检视、反思、追寻的过程中，他为中华文化的博大精深所深深折服，于是率先发起华人自觉运动。

林文庆又是一位激情四溢的鼓动家，"他那一口悦耳的英语，滔滔不绝的辩才，那短小精悍的身躯，活泼的举动，把每一个听众的心都打动了，把萎靡不振的唐人都打了气"[4]。在不同的场合，他一再大力提倡华语、提倡儒学运动。他呼吁同胞："让我们不要忘记，我们是一个伟大民族的后代。如果我们忘记了，那么我们就一定没有希望。我们的祖先，在基督之前两千年，已是一个文明教化的民族，他们充满智慧的语言，现在正在我们耳朵里响着……要是可能的话，让我们除却不知父语的污名，让汉族的每一个儿子学习宝贵的语言，他蕴含着我们最伟大圣贤的智慧语言……"[5]。

林文庆对中华文化的尊崇，不是形式上的继承，而是思想上的吸收，他主张遵照固保传统精髓，吸收外人长处的原则。

在新加坡，林文庆是最先关注女子教育且付诸行动的华人。在一个以男性为主导的社会，他看到了提倡女学的必要："女子没有受教育，就等于她们所属的那个民族，有一半人数是处于无知和退化的状态，那个民族必因此而不会有很大的进步。""我们的妻子将是子女们的母亲，她们掌握着塑造我们民族命运的力量。是故无论如何，我们应当善待她们，教之以礼。并给予同样机会接受体育和智育。"[6]他与好友共同创办《海峡华人杂志》；创办新

林文庆是新加坡最先关注女子教育且付诸行动的海峡华人之一，1899年林文庆等人在新加坡创办"新加坡华人女校"。（华侨博物院供图）

林文庆在新加坡过着优渥恬适的生活。图为他与友人乘车准备外出。（华侨博物院供图）

加坡第一所女子学校；组织"华人好学会"；开设中国古典文学讲座，介绍中国传统文化；他倡导高尚、健康的生活方式，反对男子梳辫，反对妇女缠足，反对吸食鸦片，反对一夫多妻等等。他希望从中华文化中汲取精华，以求提升海外华人的素质和地位。

在愈行愈近的对中华文化的仰慕、认同过程中，林文庆对遥远的中国的兴趣与关注日益强烈。他支持康有为的维新运动，劝勉学有所长的海峡华人北上中国协助开拓各种事业。

林文庆在英国求学时就结识了孙中山先生，对孙中山的欣赏和信任使他逐渐放弃君主立宪思想，从极力反对革命转向认可甚至支持孙中山的革命。1900 年 6 月，孙中山先生因营救日本朋友宫崎寅藏被新加坡政府逮捕时，林文庆通过关系，向英国当局疏通，使孙、宫二人获释。1906 年他加入孙中山在新加坡组织的同盟会分会。1912 年，孙中山当选中华民国临时大总统，林文庆与他同船前往南京，参加开国大典，并接受孙中山的委任，担任总统的机要秘书、军医官和政府内政部卫生司司长。孙中山被迫辞去临时大总统职务后，林文庆返回新加坡继续行医经商并一如既往地宣传、鼓动、复兴中华文化。

林文庆经常由衷地赞赏留学回来后北上中国施展抱负的精英人士：文化怪杰辜鸿铭、外交家伍廷芳、复旦大学校长李登辉和为中国东北消灭鼠疫、享誉全球的伍连德……他自己也默默地准备着，他相信中国历史会给他机会，他将跨出新加坡岛，为自己神往且热爱的祖国效力，实践深藏心底的治国平天下的理想。他期待着又一次新的出发。

1921 年，爱国华侨陈嘉庚继集美学村之后，在厦门岛的东南角创办厦门大学，拟聘民国才子汪精卫任校长，可是汪精卫忙于政务，无意教育事业，他向陈嘉庚推荐了国民政府教育部参事邓萃英，几个月后，邓萃英辞去校长职务。陈嘉庚把目光移到南洋，

厦门大学建校初期，林文庆（右1）与校主陈嘉庚（左1）陪同来访的新加坡友人林义顺（左3）等参观视察学校。（华侨博物院供图）

他首先想到了学养深厚、重视中华传统文化又有经营才能的老朋友林文庆，便聘请他出任厦门大学校长。

几乎同时，林文庆接到孙中山召他到中国赞襄外交的电报。两难的他致电孙中山，请代为决定。孙中山与陈嘉庚也相识多年，他敬重陈嘉庚倾资办学的壮举，复电鼓励林文庆接受陈嘉庚的聘请；而夫人殷碧霞也希望回到鼓浪屿照顾年迈的母亲。于是，林文庆成了厦门大学真正的创校校长。

1921 年夏天，林文庆抛下令人羡慕的崇高地位和正处于上升阶段的产业和事业，告别了优渥恬适、风发有为的生活，到偏僻、落后的厦门创办现代化的大学。明知前路崎岖而且荆棘丛生，他义无反顾欣然前往。这一年他 52 岁。

离开新加坡之前，林文庆将自己名下 51 英亩土地的 3/5 份额捐赠厦大设立林文庆基金。[7]

7 月 4 日林文庆抵达厦门的当晚，在与学生见面会上，林文庆表示，要把厦门大学办成"生的非死的、真的非伪的、实的非虚的大学"[8]。从这一刻起，他就为了实现这个目标呕心沥血、殚精竭虑，并奉献了 16 年的精华岁月。

他以"止于至善"作为校训，规范学生的行为；以造就国民的完善人格作为学校的培养目标；以"研究高深学术，养成专门人才，阐扬世界文化"[9] 为主要办学任务，"以求科学之发展……促社会之改进，使我国得与世界各强国居同等之地位"[10]。

林文庆聘请林语堂任文科主任及协助延聘教师。在林语堂等人的努力下，一批大师接踵而至：文学家陈衍、鲁迅、林语堂、沈兼士、孙伏园、台静农、余睿；语言学家罗常培、周辨明；哲学家朱谦之、张颐；史学家张星烺、顾颉刚、陈万里；教育学家孙贵定、朱君毅、杜佐周、姜琦、邱椿；化学家刘树杞、丘崇彦、张资珙；生物学家秉志、陈子英、钟心煊、吴兆发、林绍文、钱崇澍；数学家姜立夫、黄汉和、杨克纯等。他们的到来，让厦门大学盛况非凡。

在林文庆的主持下，厦门大学坚持自然与人文学科并重、教学与科研并重、汉语与外语并重的办学思路，建立起一定的组织机构和规章制度。学校的内部设施、院系设置、师资管理、课程安排等等都仿照欧美而加以斟酌。理科各系配置颇为精良的实验仪器，并附设动物标本馆、植物标本馆、气象台、生物材料处、物理机器厂等，为教学科研提供了较好的条件；文科各系注意研究东南沿海地区的语言、考古、民俗和历史文化，亦有可喜的创获。尤其突出的是生物系的海洋生物研究，被太平洋科学协会评价为"可以与欧美诸优等海洋研究所匹美"[11]，其采集的海星、水母、文昌鱼，分别以"林文庆海星"、"陈嘉庚水母"和"陈嘉庚鱼"命名，成为国际生物界承认的学名。至 1926 年，已经建设成为涵盖文、理、教育、商、工、法六科，下分 19 个系，另设预科和医科筹备处，形成多科性、具有一定特色的教学、科研机构[12]。厦门大学以面向华侨、面向海洋、注重实用、注重研究的特色逐渐闻名中外。

对于提倡国学，林文庆一向不遗余力。1926 年 10 月，他动用全校教育资源，成立了国学研究院，亲任院长。高起点的国学研究院坚持以科学方法整理国故，与其他大学建立的国学研究机构不同，它的研究范围更加广泛。他们提出的口号是：材料是中国的，方法是世界的。"显然，在国学与分科研究的结合上，林文庆的设计在当时新潮学人中是走得最远的，这也表明他对国学的理解有其过人之处。"[13]

就在厦大即将把中国南方的国学研究推向一个高峰阶段时，陈嘉庚的企业遭遇意想不到的挫折。1925 年陈嘉庚企业到达鼎盛时期，拨给集美学校和厦门大学的办学经费相当充裕，发展心切的林文庆在陈嘉庚的允诺下，把厦大的摊子越铺越大。没想到仅仅一年，国际胶价连连暴跌，陈嘉庚企业的利润大幅缩水。原定增拨的经费已难兑现，各科系在经费分配上难以协调，严重地影响到厦大的发展，更提前引爆许多预想不到的矛盾，其中鲁迅与林文庆的矛盾竟导致此后半个多世纪中国大陆对林文庆的有欠公允的评价，这则是纷争的双方及校主陈嘉庚都始料不及的。

林文庆和鲁迅是两个背景迥然相异，真诚与执著又颇为相近的知识分子，他们都在努力地通过自己认为最佳的途径去推动中国的革新与进步。林文庆是接受完整的英文教育、浸淫于维多利亚文化的西化华人，他接受西方先进思想，并在生活中提倡与实践；但在接触中华文化的过程中，他发现西方的种种优质文化在中国古代早已具备，因而他坚持认为学新科学不忘旧文化才是救国之上策，极力推崇和维护中国的旧文化旧传统。

而这时的中国已认识到落后就要挨打，五四新文化运动的洪流、反对封建礼教的热浪正从北向南冲击着旧道德旧文化，"打倒孔家店"口号声四起，人们急切地希望引进西方先进的思想与科学来救国。可就在鲁迅上任一个月时，厦大举行隆重的孔子诞辰庆典。对如此逆流而动之举，新文化运动的旗手鲁迅岂能视若无睹，他给林文庆挂上一个英籍土生华人孔教徒的徽号，并发起猛烈的抨击，引起了广大青年学生的热烈响应，矛盾已然公开化且无可调和了；加上原本承诺给国学研究院的经费迟迟未能落实，鲁迅他们误以为林文庆克扣办学经费。在一次校务会议上，林又提出要削减一笔经费，教授们纷纷反对。林说："关于这件事，不能听你们的。学校的经费是有钱人拿出来的；只有有钱人，才有发言权！"鲁迅一下站起来，从口袋里摸出两个银币拍在桌上："我有钱，我也有发言权！"很长一段时间里，这个经典的插曲点缀、丰富着鲁迅的故事，让国人在赞赏鲁迅的同时，鄙视那个仰资产阶级鼻息的媚态校长。殊不知，在以阶级斗争观点分析、解释一切的年代，人们往往远离真相。

其实就在国学研究院成立的几个月后，"自春至冬，树胶价降如流水就下，由每担百七八十元而跌至九十余元，各厂不但乏利，尚当亏损。由是厦大校舍已下手建设者，使至完竣便止，而集美建设则于冬间完全停止"[14]。在这样的背景下，林文庆不得不斟酌情况缩减经费，对此鲁迅显然未曾了解。据说，事后有人向鲁迅介绍了陈嘉庚倾一己之力，不惜毁家兴学的事迹，鲁迅也很感动。自此，一直到定居上海后，鲁迅都爱穿陈嘉庚公司制造的胶底鞋，于是又有人说，这是鲁迅用自己独特的方式表达了对陈嘉庚这位"有钱人"的敬意。这说明后人对他们之间发生过的冲突是深感遗憾的。

如果林文庆更了解以儒学为主体的传统文化所带有的扼杀人的天性、窒息人的创造力，阻遏中国社会进步的消极一面的话；如果鲁迅更了解陈嘉庚、林文庆披荆斩棘创办厦大的艰辛，更同情一个留学西方的英籍海峡华人急于向母族文化认同的迫切心态的话，那1926—1927年，发生在林文庆和鲁迅之间的矛盾或能有更理性的沟通而相互包容？历史不容假设，发生过的一切没有"如果"。两位真诚且执著的爱国者被岁月定格在深刻的误解与互不认同之中。

从1927年陈嘉庚企业陷入困境，到1934年公司收盘，林文庆既要主持学校工作，又要平息学潮和调停教授派系纷争，更多的精力还得用于筹措日渐不足的办学经费。他奔走于南京、上海、福州、广州等地筹措款项，1928—1935年间，他三次前往新、马、印尼等地，利用自己的影响力，为学校筹募经费。据1935年随同他南下募款的职员叙述：66岁的林文庆每天5点左右起床，9点多出发工作，半夜一两点钟才能休息。经常都要沿街叩户募捐，这位早年在新加坡威望极高的长者甚至要说这样的话："我求你，请你帮助厦大，为祖国培养建设的人才！"他们才很受感动的答应了募捐的数目。[15]此行林文庆为厦大筹募到20多万元。

从1921年接受陈嘉庚的聘请来到厦大，十几年间，林文庆把几乎全部的时间、精力、智慧都献给这座自己深爱的学校，献给中国的教育事业。来厦大之前，据陈嘉庚介绍："林博士在南洋之事业，如数十万元之家产，与任数大公司之主席（华商华侨两银行、联东华侨两保险、东方炭矿、联合火锯），按年酬金以万数……舍而不顾。不宁唯是，尚有数十万之家资，委托他人，不思再经营……"[16] 初来厦大时，他的经济条件相当优裕，好几年林文庆都不领取校长工资，直到由于他在新加坡的产业托人不当，遭受惨重损失，他才开始领取厦大的薪水。而当学校经费出现困难时，他慨然捐出了 1927 年 8 月至 1928 年 7 月一年的工资 6000 元，而夫人殷碧霞也把私蓄 1350 元捐献给厦大。

在厦大工作期间，林文庆一直居住在鼓浪屿笔架山上的自家别墅。厦门和鼓浪屿的富人信服于他高超的医术，常来家中求诊，且奉上高额诊疗费，林文庆总是将诊金悉数捐献给学校。

1937 年 6 月，陈嘉庚以不改变学校名称为条件，将厦门大学无偿交由政府接办，厦大进入"国立"时代，林文庆辞去校长职务，这一年他 68 岁。

从 1921 年到 1937 年，林文庆以义无反顾的奉献精神与执著的努力，为厦门大学的进一步发展奠定了基础。1924 年，国际生物学会将在同安刘五店海域发现的海星新品种命名为"林文庆海星"。1937 年国民政府行政院颁发对林文庆的褒扬令。

1937 年深秋，已近古稀之年的林文庆怅然惜别了为之呕心沥血、不懈奋斗了 16 年的厦门大学，怅然惜别了曾晨昏相守伴他度过艰辛与快乐岁月的鼓浪屿笔架山顶的别墅，启程返回新加坡。他难抑心底的失落，但没有丝毫后悔——16 年，他迎战了无数个不可能，他不辱使命，初步实现了厦门大学"南方之强"的办学目标。

在厦门的 16 年，林文庆热心提倡、参与了厦门地方社会事业的建设。1928 年，黄奕住、林谨生、吴金声等十几位知名人士发起创建厦门中山医院，林文庆作为医学专家提供了专业指导。他还献出从新加坡、马来亚筹募的白银79000元，连同厦门筹募的，共16万元，建立了门诊楼和医技楼。1933年厦门中山医院开诊，林文庆兼任首任院长。他从新加坡、香港聘请了不少医学专家来院，组成强大的医疗团队，并按照他严谨的治学行医理念、以高超的医学水平、关心病人疾苦的平实作风、低廉的收费和人性化的服务，使医院在较短时间内声名鹊起，很快成为闽西南地区市民信赖的综合医院。1931年林文庆还帮助筹建了鼓浪屿医院。

　　林文庆在厦门仍继续致力于对中华文化的研究和著述，他以英文写作和翻译了大量有关儒家思想的著作和文章。早在1918年他在新加坡出版了《从儒家观点看世界大战》一书，向受英文教育的华人和西方人宣告：当太阳升起于东方并"在那儿发射着眩目的光芒时，西方仍然陷在黑暗之中"。1929年他在鼓浪屿完成的英译《离骚》出版，深获时人好评，诺贝尔文学奖获得者印度诗

儿孙绕膝、举家欢聚，是晚年林文庆最大的慰藉。（引自新加坡《海峡时报》2008年4月8日）

人泰戈尔也予以大力推荐。

回到新加坡，物是人非。脱离新、马社会整整 16 年，与商界、医界、政界长期疏离，影响力不再，崇高的领袖地位早被取代；由于自己放弃经营，又托人不善，巨额财产也几乎消耗殆尽。当年的合作伙伴陈齐贤的遗孀蔡媛娘敬重林文庆的牺牲精神，在巴智申律购置一座住宅赠与林文庆，愿他安享晚年。[17]

可是日军的铁蹄正步步紧逼东南亚，覆巢之下安有完卵。1942年 2 月 15 日，新加坡沦陷。日寇急于寻找具有巨大影响力的华人供自己使唤，这时新马华社领袖大多已经逃离或隐匿，林文庆不幸落入虎口。2 月 27 日，日军将在押的 40 多名新加坡侨领集中到"吾庐"俱乐部，用刺刀逼迫林文庆充当华侨协会会长，为日军筹献"奉纳金"；林文庆不从，日军惩罚其妻殷碧霞在烈日下下跪几个小时[18]，迫使林文庆就范，接受任命。这一年他 73 岁。

早在 1937 年"七七事变"后，林文庆就在很多场合发表过支持中国抗战、拥护盟军抗击法西斯的言论，并在广播讲演中抨击过日本侵略者的暴行，如今却必须昧着良心为侵略者效劳。为了筹集 5000 万元的"奉纳金"，几乎耗尽了林文庆的心智和体力。难以承受的内心煎熬逼得老人装疯卖傻，甚至企图自杀，但终究没能逃脱日寇的控制。在被迫完成日军布置的工作的同时，他尽自己可能保护一些因为捐助中国抗日而遭检举被捕入狱的侨领。

第二次世界大战结束时，林文庆身心俱疲伤痕累累。尽管英国殖民政府豁免对他的任何追究与谴责，众多朋友和侨胞也体谅他的苦衷，但这位追求完美的执著老人，始终不能原谅自己，一直陷在深深的自责之中，毕竟这是他一生最大的污点。此后他深居简出，闭门谢客，默默地关注着他生于斯长于斯的新加坡的发展，关注着遥远的厦门大学的发展。

1956 年 12 月 31 日，《星洲日报》发表了林文庆的新年展望："余对于新年之愿望，为各民族能和谐相处，余将尽力促进各民族人民之诚意及了解。余希望 1957 年能给马来亚及其他世界带来和平及繁荣。"[19] 一天以后，即 1957 年 1 月 1 日林文庆在新加坡与世长辞，终年 88 岁。临终前，立下遗嘱，把鼓浪屿笔架山顶的别墅和遗产的 60% 捐赠给厦门大学——老人直到生命的最后关头依然情牵鼓浪屿，难舍厦门大学。

1957年1月4日，《星洲日报》报道："伟大老人林文庆博士逝世"；新加坡总督柏立基爵士夫妇及首席部长林有福致函吊唁。（华侨博物院供图）

注释：

[1]1826 年，英属东印度公司将新加坡、马六甲及槟城三地合并，组成"海峡殖民地"。这里的华人与马来人通婚，其后裔被统称为海峡华人(Strait Chinese) 或土生华人(Peranakan)。海峡华人在文化上受到马来族群影响。男性称为"峇峇"，女性称为"娘惹"。

[2] 吴体仁：《殖产橡胶拓荒人》，世界书局有限公司 1966 年版，第 55 页。

[3] 华侨博物院院藏资料。

[4] 毕观华：《林文庆》，《怡和轩 90 周年纪念特刊》第 75 页，新加坡怡和轩俱乐部 1985 年出版。

[5] 李元瑾：《林文庆走向厦门大学：一个新加坡海峡华人的寻根历程》，《南洋学报》第 52 卷，南洋学会 1998 年 8 月出版，第 7 页。

[6] 李元瑾：《林文庆的思想——中西文化的汇流与矛盾》，新加坡亚洲研究学会1991年1月出版，第66页。

[7] 同上，第158页。

[8]《厦门大学新校长林文庆到任》，《厦大校史资料》第1辑，厦门大学出版社1987年版，第47页。

[9]《厦门大学组织大纲》，《厦大校史资料》第1辑，厦门大学出版社1987年版，第48页。

[10]《私立厦门大学校旨》，《厦大校史资料》第1辑，厦门大学出版社1987年版，第41页。

[11] 引自陈嘉庚纪念馆：《华侨旗帜民族光辉——陈嘉庚生平陈列》之"倾资兴学国民天职"。

[12] 杨国桢：《陈嘉庚与厦门大学》，《中国大学教学》1999年第5期。

[13] 杨国桢：《20世纪20年代的厦门大学国学研究院》，《厦门大学学报（哲学社会科学版）》2006年第5期。

[14] 陈嘉庚：《南侨回忆录》，陈嘉庚基金会、陈嘉庚国际学会1993年7月出版，第506页。

[15] 曾郭棠：《林校长在星洲的地位及其为厦大奋斗牺牲的精神》，《厦大校刊》第14卷，第18期，1935年，转引自《厦大校史资料》第1辑第222页。

[16] 陈嘉庚：《辟诬》，《南洋商报》1924年6月16日。

[17] 吴体仁：《殖产橡胶拓荒人》，世界书局有限公司1966年版，第66页。

[18] 郭建文：《林文庆》，潘翎主编《华侨华人百科全书》，三联书店（香港）有限公司1998年版，第203页。

[19] 李元瑾：《林文庆的思想 中西文化的汇流与矛盾》，新加坡亚洲研究学会，1991年1月出版，第185页。

在鼓浪屿东面的升旗山麓附近迷路的旅者，或者有机会误入一座古榕掩映的庭院。那门上刻着"容谷"二字，入门后，但见假山曲径、绿荫通幽、鲜花吐芬，三层高的清水红砖小楼就立在这人间仙境中。这儿原名为榕谷，是著名爱国侨领李清泉及其夫人颜敕从前最喜爱的别墅，也是他们为"救乡运动"及抗日救国甘苦共尝的见证。

榕谷心史

李清泉（1888—1940）原籍泉州市晋江县金井镇石圳村，后在菲律宾成为木材大王。李清泉的曾祖父是石圳村出洋往菲谋生的第二人，可谓开一时之风气。他的祖父李同一亦在清道光年间前往菲律宾，在当地打拼下一份基业，却不幸在42岁的壮年撒手人寰。李清泉的父亲李昭以是李同一的长子，自幼随父出洋，在李同一辞世后便接手家业，与幼弟李昭北一起协力创建了成美木业公司，自此在菲律宾木材行业中立稳了脚跟。

菲律宾富商，南侨总会副主席李清泉。（华侨博物院供图）

李昭以的长子便是李清泉，他幼时先后入读家乡的乡塾与厦门同文书院。1901年，李清泉随父亲到了菲律宾，进入成美林业公司学商。李清泉聪敏勤奋，短期内在商务与英语上都大有进步，李昭以欣慰不已，于是送他到香港圣约瑟西文书院就学。1906年，学成归来的李清泉重返成美木业公司后大展身手。次年，李昭以把成美木业公司的经营大权交给了年仅十九岁的李清泉。

李清泉不负父望，接手成美公司不久就显现出了经商的天赋。当时正值美国自西班牙手中接管菲律宾之际，急于开发此地的美国一方面推行自由贸易的政策，另一方面大大增加在菲投资额，欲将菲律宾的原材料和产品销往国际市场。李清泉敏锐地察觉了其中的商机，意识到这是一个将家族的单纯木业经营公司变成一个综合经营企业的机会。1912年，他先在马尼拉范伦那开设木器新厂，随即斥巨资购下尼格罗斯省森林山场，坐拥柁山开采权，无数优质硬木从此源源不断地产出。他先后成立了福泉木厂与李清泉父子公司，又在南甘马仁省的淡纲迓社开办木材加工机器厂。李清泉的大批木材产品远销欧美诸国。为了加速这些产品的运输及出口，李清泉又成立了专门的远洋运输公司。至此，木材的造林、采伐、制材、加工、运输、销售、出口整条经营链全部形成。短短数年间，李清泉便成为菲律宾最大的木材出口商。当年木材是菲律宾的主要出口产品，而李清泉一人便控制了菲律宾木材交易额的80%左右，无怪乎时人以为"全菲木业无出其右"，是东南亚实至名归的"木材大王"。[1]

李清泉并没有止步于此，他将家族事业向其他领域拓展，投资制药业、制铝业和油漆业，更进一步跨入金融业，倡办中兴银行。当时世界已进入金融资本时代，菲律宾是东南亚经济最发达的地方，而金融命脉全为外国银行所垄断，没有一家当地银行，华侨商业的资金周转常受掣肘。1919年12月19日他广邀南洋侨领在马尼拉的东方俱乐部开会，商讨筹办华侨自己的银行。与会者无不深受鼓舞、大力支持。印尼富侨黄奕住认购价值100万菲币的股份，此后认股者很多，甚至吸引了菲律宾人、美国人和英国人前来入股。1920年中兴银行正式成立，李清泉亲任总经理，由于独占先机与诚信经营，中兴银行迅速成为菲律宾影响最大的银行之一。并带动了菲律宾有识之士也积极兴办银行。他在香港圣约瑟西文书院的同窗迈克·柯典诺（CH.M.Cuadenno）成为菲律宾中央银行行长后回忆，说自己就是在李清泉一再倡导下才于1938年创办菲律宾商业银行，进而走上银行家之路的，盛赞李清泉是默默地为菲律宾服务的人。

李清泉在事业上锐意进取的同时，积极参与菲律宾华侨社会的活动。他历任菲华基督教青年会名誉会长、菲律宾华侨教育会会长；1917年被推选为菲律宾中华商会第十四届理事，次年任副会长，1919年即以而立之年出任中华商会第十六届会长，是菲律宾中华商会史上最年轻的会长。他此后蝉联六任，并于1936年再次出任会长。

李清泉的六任会长之路，是一个艰难的历程，也是一个大有成就的历程。他带领华侨社会闯过了"西文簿记法"的风浪；又通过"救乡运动"推动了菲律宾华侨的爱国、抗日运动，提升了他们议政参政的公民意识。当时华侨占有菲律宾80%以上的商业产业，整个菲律宾税收的70%～80%来自华侨的经营。在菲律宾民族独立思潮高涨的基础上，美国政府为了将菲人政治革命的热情引向经济重组的领域，便在菲律宾广泛宣扬华侨掌握商业命脉不利于菲律宾人实现民族自治的言论。于是朝野排华之风盛行，政客们无不以从华侨手中夺回商权为竞选纲领，议院中针对华侨的苛刻提案与条例更是层出不穷。而一些华侨领袖、名流意见却不一致，华侨社会四分五裂、各自为政。李清泉决心以对内争取团结一致，对外争取舆论支持，来改变局面。为了整合华侨的力量，他不计政治歧见，主动争取了吴达三、洪赞起、薛芬士、薛敏老、颜武煌等多方面力量的支持，尤其是与薛芬士、薛敏老等人的合作，为对付随后的"西文簿记案"打下了社会基础，准备了骨干力量。

　　1921 年 2 月，菲律宾议会通过了 2972 号法案，即"西文簿记法"，拟定于 1921 年 11 月 1 日全面实行。该法令规定各商号只能用英文、西班牙文或菲文记账，若使用中文记账的违法店主，最高可被处以 1 万比索罚款并两年监禁。

　　簿记，简单说就是账本，记载着整个企业的业务往来、买卖明细、收支流水等等。商人全靠簿记了解自己的产业现状，并据此制订营业计划，是经营者最重要的工具。华侨习惯、也只会用中文记账。

　　这个法案一旦实施，华侨商业势必受到极大冲击，首当其冲的便是人数众多的中小零售商。据统计，当时整个菲律宾能以外文记账的华侨不满十人，如要雇佣外国会计，则第一，店主与外国会计的交流不能畅通，业务状况难以掌握；第二，账本落入外人手中，商业秘密被人掌握，后患难测；第三，雇佣外国会计必然提高运营成本，削弱竞争力。这三条对中小零售商而言，将是没顶之灾。而且这个法案对违法的刑责很重，一旦有违法之处，受罚者是华商，而非外籍记账员。此外，这个法案还会造成各商店原有的中文会计大量失业，因而华侨社会人人自危。

　　菲律宾华侨选择了抗争。作为中华商会会长的李清泉挺身而出，他先是当面向菲律宾两院议长奎松和奥斯梅纳力陈利害，后又请求美驻菲总督哈里森对此法案行使否决权，但均无功而返。李清泉并没有因这两次挫折而退缩，他于 1921 年 2 月 12 日召开华侨大会共商大计。在会上他被公推为抗争领导人，其下设有抗争干部会和负责筹集经费的经济部，全面抗争活动就此轰轰烈烈地展开。李清泉派出多批华侨代表赴中美两国宣传问题真相，争取了中美社会广泛的支持，美国陆军总长及岛务局长均对在菲华侨处境表示同情，但还是劝告他们先与菲律宾议会协商交涉较好。1921 年 10 月 21 日李清泉再次向菲律宾议会提出抗议，并先后向菲律宾初等高等法院提起上诉，终于取得了西文簿记案缓行一年

（即推迟到 1923 年 1 月 1 日实施）的阶段性成果，为华商安排善后、减少损失争取了宝贵的时间，也为后续在美的法律程序取得了不少证据。

1924 年 12 月 8 日，李清泉委派薛敏老和吴克诚为华侨代表赴美国上诉。尽管在美国初等与中等法院接连受挫，李清泉还是以最大的决心，支持薛敏老和吴克诚向美国最高法院提起上诉。这次李清泉三管齐下，一面与祖国联系，取得中国的全力支持，驻美公使施肇基亲自以律师身份参加诉讼，还向美国国会提交内容如下的备忘录："西文簿记法违反国际惯例，如果得到通过将会受到理所当然的报复，中国政府将相应要求美国在华商人使用中文簿记法。"[2] 他又一面在南洋各地开展舆论造势，广泛宣传华侨为繁荣菲律宾经济所作出的巨大贡献；一面为在美国最高法院进行的诉讼准备了详尽完备的证据链，上诉书长达 1227 页。在各方面压力下，1926 年 6 月，美国最高法院终于否决了西文簿记法，判决书中认为该法案不能平等地保护华人的权益，未经正当法律程序便剥夺华人个人自由和财产，违反了美国宪法精神。至此，这场持续了 5 年、耗资 167000 比索的抗争，终得以胜利而告终。海外华侨向来因自己寄人篱下，遇事总是忍气吞声。此次抗争的经验，对他们奋起维护自己的正当权利是一个很大的启迪，其影响不限于菲律宾。而李清泉此后获得菲律宾各界商会奖予最高荣誉——"侨界柱石"的称号，亦自是当之无愧。[3]

面对西文簿记法之事的感奋，李清泉更深刻体会到华侨的艰难处境，外受排挤，内无退路。其根源在于祖国多年积贫积弱、社会动荡、天灾人祸，导致侨乡兵匪扰乱、民生凋敝，海外华侨有家难归。

1924 年，李清泉组织成立了菲律宾闽侨救乡会，并被推举为第一任会长。他提出"建设新福建"的口号，派代表到南洋各处宣传、发动，为闽侨救乡会凝聚更多力量。当时福建匪患频仍，李清泉家人为避祸迁居到相对安定的鼓浪屿，李清泉与这座小岛的不解情缘就此结下。

1926年，应李清泉的号召，南洋闽侨救乡会在厦门鼓浪屿召开临时大会，大会商定了两条基本路线：一是消弭匪患，二是实业救乡。

从民国成立到十九路军入闽这20年间，福建的政权不断易手，主政者又都是收编"民军"来控制地方。闽南特别是泉属各县就始终处于这种大大小小的土匪武装割据之下。南安的陈国辉在多次火拼中逐渐成为当地的首领，其势力且经由闽中延伸到龙岩。他被转为省防军第一混成旅中将旅长，在辖区内建立自己的行政、军事系统，也有若干市政建设。但他不改土匪本性，不仅横征暴敛、敲诈勒索，且纵容部属掳人劫舍，向殷富侨户派"黑单"，倘若不能如期如数交纳派款，即予绑架并加多赎金，得不到满足就杀人。1930年新加坡华侨章江模想在永春盖房子，竟被以未缴"新厝捐"为理由掳去，迫使章妻变卖家产缴纳3000银元。还有一位蔡姓华侨之妻在南洋华文报上投书，痛诉陈国辉绑架她的小孩，索取巨额赎金未遂竟将其杀害的残忍罪行，惊动南洋！陈国辉还强占华侨眷属，先后强娶康安村侨商陈珠明的养女吕罕娘、深坑乡侨眷叶秀莲以及菲律宾侨商黄贞茂妻子蔡瑞棠。华侨屡次控告，政府毫无反应。"救乡会"的消弭匪患就首先以陈国辉为目标。

自1926年至1932年间，李清泉多次领衔致电福建省府、南京监察院和国民党中央，罗列陈国辉、高为国等的斑斑罪迹。1931年，他推动菲律宾中华商会通电国民党福建省政府，力陈"陈国辉历在南、永、德、安一带荼毒生灵，罪案如山。……焚杀掳掠，疮痍未复，连日纵兵抢劫为要挟，并在官桥、溪尾、大宇、河市各处包庇种烟……民情皇急"。1932年6月，又为陈国辉一事分别向国民党中央政府和新近调闽的十九路军投诉。十九路军在

"一·二八"淞沪抗战中的英勇奋战得到了华侨的大力支持，更得到了华侨的高度信任，李清泉号召各属闽侨向十九路军请愿。华侨控诉陈国辉为害侨乡的函电如雪片般飞至十九路军军部，促使十九路军下定决心铲除此患。[4]1932 年 10 月，十九路军逮捕了陈国辉。李清泉当即以菲律宾中华商会名义致电国民党政府，要求将陈国辉正法以平民愤。1932 年 12 月，福建绥靖公署以"横征暴敛，擅创私税，勒种罂粟，屠杀焚村，摧残党务，拥兵抗命"[5]等罪名枪决了陈国辉。李清泉又致电十九路军蒋光鼐，感谢他为民除害。

匪患已清，仓廪未实。在实业救国救乡方面，李清泉首先身体力行。1923 年，李清泉就与吴达三、李文炳等共同成立"泉（州）围（头）汽车公司"，开始建设从晋江东南海岸通达泉州市的公路。1924 年他考察了长江、黄河流域和华北地区，回到菲律宾后即在商会向同侨推介国内的投资建设机会。1927 年，李清泉在厦门创设中兴银行分行，不久又设立上海分行，方便华侨回国投资置产，以期推动国内经济与工业的发展。1927 年以后，他更在厦门独自投资 35 万银元开发房地产，仅在中山路便兴建了十一栋钢筋水泥的高层商业大楼。李清泉又和叔父李昭北共同在厦门创办李岷兴公司，投资 200 余万元修筑了从今第一码头到厦门港沙坡尾一带的海堤。工程历时 9 年，建成后为厦门的内港航运增加了 9 个码头，提高了港口吞吐能力，厦门市容亦因而焕然一新。1928 年，李清泉和华侨黄奕住、陈迎来、吴记霍等与一些地方人士集资在福州兴办福建造纸厂，该厂采用瑞士的先进设备与工艺，4 年后便跻身当时全国十大化学工厂的行列。为了在国际上推广声名不彰的中国工业产品，1929 年，李清泉协助敲定了在菲律宾年度嘉年展览会上附设中华商品展览会一事，时任中国工商部长的孔祥熙特地为此次展览会在上海设立筹备处，李清泉也被任命为筹备处委员，负责征集参展商品等事宜。这次展览获得成功，赴展之中国商品"数量既多，抉择亦精湛"[6]，对促进中国近代工业产品的国际贸易起了一定作用。

1933年，十九路军全面主持闽政，李清泉被委以福建省政府委员兼省建设委员会常务委员的重责大任。他当即主持成立了漳龙路矿筹备委员会，计划以修路采矿为先导来拉动省内经济，然后在厦门嵩屿建港，将厦门建成集加工生产基地和进出口枢纽于一体的综合性城市。为此，接替他任菲律宾中华商会会长的许友超随后也出任厦门市市长。在以十九路军为主力的国民党左派所发动的反蒋武装政变"闽变"中，他们仍继续履行职务，直至"闽变"被镇压，十九路军退出福建，才挂冠离去。这是民国时期华侨直接参与国内政治斗争的创举。

李清泉倡导的闽侨救乡运动本身就是华侨"共赴国难"的爱国运动的表现。为救乡运动的实践所启发的公民意识又丰富和加深了他们对爱国主义的认识。

早在1919年"五四运动"期间，李清泉就曾通电北京政府反对签署丧权辱国的《巴黎和约》。1922年，闽南军阀混战，李清泉率先组织旅菲华侨激进会，大力支持孙中山先生。1924年，李清泉致电段祺瑞敦促和谈，更亲身出席南北和平统一会议。和谈破裂后，为了支持国民革命军出师北伐，李清泉不仅率先捐出13万银元，更代募短期救国公债100多万元。并主动请国民党在菲律宾的核心人物戴金华、王泉笙协助筹饷，使资助北伐的筹款活动大获成功。

1931年，日本侵略者制造"九·一八"事变，入侵东北三省。李清泉毫不犹豫地展开了组织华侨支援抗战的工作，他一面通电欧美、南洋各地，呼吁国际舆论谴责日本的侵华行径；一面在菲律宾等地积极展开抵制日货的宣传。

自发动救乡运动以来，李清泉和夫人颜敕即常在厦门鼓浪屿居住。位于鼓浪屿的"榕谷"，不仅是一座私人别墅，而且是筹划福建经济建设的一个中心；他们也不是一般的"侨客"，而是华侨实践爱国行动的代表与先驱。

1931 年 11 月，菲律宾华侨救国代表大会宣布了"抵制日货条例"，并成立了抵制委员会。有人顾虑这将引起商业合同以至法律上的纠纷，李清泉鼓励大家："诸位认为该做的就放胆做，事到事当。"侨商的自我牺牲使抵制日货成效显著，1931 年日本对菲律宾

李清泉与夫人颜敕在他们最喜欢的鼓浪屿榕谷别墅。（白桦供图）

的出口比 1930 年减少了 20%，1932 年更比 1930 年下降 50%。[7]

1932 年 1 月 29 日，日本侵略军进攻上海的第二天，李清泉即与蔡廷锴将军直接通话，支持十九路军在上海的抗日斗争，并代表菲律宾华侨保证将竭尽全力援助。又与史国诠、杨荣标、王泉笙、曾廷泉等人成立"菲律宾华侨救国联合会"，会上宣布成立"国难后援会"，李清泉亲任主席，率先出资并马不停蹄地四处奔走，为十九路军和东北抗日义勇军筹款。截至 1932 年 9 月，共组织菲律宾华侨捐款 80 万美元汇交蔡廷锴，支援淞沪抗战。厦门华侨日报 1933 年评价说："菲律宾华侨约 9 万人，占海外华侨八十分之一，但对国事捐输最为踊跃，如十九路军在沪抗日的一个月之内，菲华侨汇回国币 80 余万元，竟占全部华侨捐款的八分之

一。"[8]此外汇交东北马占山抗日义勇军军费40万美元，还捐献20万元为福建国防建设费。据中国驻菲总领事馆1933年6月统计，自1931—1932年中，菲律宾华侨为赈济水灾灾民，支持十九路军防卫上海，支持东北和热河的抗日义勇军，共捐输200万美元。1934年2月，日本扶植溥仪成立伪满洲国，李清泉也立即通电声讨。

李清泉还发起了历史上有名的航空救国运动。1932年11月7日，李清泉与淞沪抗日名将翁照垣在马尼拉会面，翁照垣提出了"航空救国是一条出路"[9]。这是他痛定思痛，对淞沪战役的

颜敕领导的中国妇女慰劳会菲律宾分会发动菲华妇女赶制救伤袋，支援祖国抗战。（华侨博物院供图）

一项总结。四天以后，李清泉即成立中国航空建设协会菲律宾分会，拉开华侨捐机抗战的序幕。该会发表宣言，旗帜鲜明地布告中外：所有捐款，专为建设航空，所购买的飞机，专备对外作战，决不参加内战。李清泉以会长身份带头，"慨然独捐战斗侦察机一架以为侨界倡"[10]，夫人颜敕发动华侨妇女，募集 10 万菲币购机一架命名为"妇女号"。途经菲律宾的印尼华侨黄奕住也捐出 5 万美元。宿务、怡朗华侨团体捐献侦察机、轰炸机各一架。杂货店商会和马尼拉屠猪业也各集资购机一架。到次年 5 月，菲各地已建起华侨航空救国分会 25 个，会员几万人。共捐资 300 万元，购机 15 架，分别名为宿务号、怡朗号、华侨号、学生号、礼智号、福泉号等等。

李清泉很早就懂得舆论的重要，1919 年 10 月他创办了《华侨商报》作为商会会刊，聘请黄开守、于以同等任总编辑，大力宣传华人对菲律宾经济的贡献。1926 年，为了发动闽侨救乡，又创办了《新闻日报》。这两份"马尼拉最有声望的中文日报"[11]，既促进了华侨间的交流与沟通，更成为外界了解菲华社会的窗口。至今，由此衍生的《商报》与英文《星报》仍是华人的喉舌，是当地社会进步媒体的重镇。

1937 年"七七事变"后，李清泉立即成立菲律宾华侨抗敌委员会，大会推举李清泉为主席，杨启泰与薛芬士出任副主席。策励侨众开展爱国运动，以人力物力援助政府抗战，组织华侨筹款救国、抵制日货以及回国参战等。厦门和福州沦陷后，李清泉又组织了福建华侨救济委员会，捐资 1000 万元作为福建的善款与军费。1937 年秋至 1938 年夏，李清泉更多次致函陈嘉庚，提议"南洋华侨应在香港或新加坡组一筹赈总机关，领导募款"[12]以提高效率。后印尼侨领庄西言也表示附议。于是，1938 年 10 月 10 日，陈嘉庚在新加坡组织召开了南洋各埠代表大会，李清泉率领的菲律宾代表团，是第一个抵达的代表团。会上决定成立南洋华侨筹赈祖国难民总会，简称"南侨总会"，推举陈嘉庚为总会主席，李清泉、庄西言为副主席。其后的三年中，南侨总会为祖国抗战募集各类款项、财物超过 30 亿元国币，其中捐款 4 亿元国币。据陈嘉庚回忆，当时菲律宾华侨为祖国抗战人均月捐国币 5 元，"若以个人比较，其数目为南洋各属华侨之冠"。[13]

李清泉夫人颜敕也迅速行动起来，她联络各界妇女成立了菲律宾华侨妇女抗日后援会，后改名为"中国妇女慰劳会菲律宾分会"，在马尼拉维礼示街的基督教青年会所二楼设立办事处，宣传抗战，着手募款：组织华侨童子军抬着救国箱上街募捐，发动女学生上车站、码头等人流密集处卖"爱国花"，带领华侨妇女进入有名气的行号募集"爱国

李清泉夫人颜敕与女儿在鼓浪屿榕谷别墅花园里。（白桦供图）

常月捐"。 1938 年 3 月颜敕以菲律宾华侨妇慰会主席的名义汇款 1 万元给前线的八路军购买雨具，并致信朱德总指挥："公率三军，捍卫北疆，捷报频传，侨众欣跃。本月六日特汇中行国币一万，托为购制雨具，运交将军分发第八路军士兵应用。"总指挥朱德与副总指挥彭德怀立刻联名复函道："厚意热情，无任感奋。当此敌焰方张，民族危急之际，我海外侨胞本毁家纾难之情，拥护国军，爱及敝军，全体将士，皆将为之感动，再接再厉，誓报国仇。德虽不敏，惟有率我八路健儿，与东方强盗奋战到底，务求不负侨胞之期望，而尽军人之天职，引领南望，不尽依驰，尊赐收到后，即当分发，用副雅命。"[14] 同年 10 月，颜敕又汇 1 万港元给新四军救治伤兵难民；并寄出 10 万只救伤袋，托香港宋庆龄交八路军驻港办事处转赠给前方医院；还通过美国红十字会把大宗医药送往前线。仅 1939 年一年，菲律宾妇慰会便捐献了 15 万元菲币。

1932 年淞沪抗战中便有菲律宾华侨青年直接回国参战。据不完全统计，在十九路军六十一师闸北、吴淞和江湾保卫战的战士中，便有菲律宾华侨 5 人。1938 年以后，直接投身于新四军抗日前线的即有 50 多人。1938 年 1 月，李清泉支持 28 名菲律宾华侨青年组成"菲律宾华侨救国义勇队"回国参军（后改称"菲律宾华侨回国随军服务团"，加入新四军）。还有许多青年零散回国抗日。他们奋勇作战，为祖国献出了满腔热血。仅 1938 年下半年的广东一役中，就有 80 名菲律宾华侨志愿军参战，其中 78 人壮烈牺牲。

李清泉长期超负荷的工作，导致糖尿病病情急遽恶化。1940 年 10 月 27 日，一个肃杀而沉重的日子，年仅 52 岁的李清泉在他就医的美国医院永远地闭上了双眼。弥留之际留下遗言：将 10 万美元遗产捐赠给祖国抚养难童。在他这一行动的影响下，最终祖国救助难童基金共筹得了 40 万美元。菲律宾华人报界耆宿吴重生评论李清泉是"不悲其身之死，而忧其国之衰"的贤者。而侨界则盛赞他是"至死不忘救国的人"。[15]

1940年11月1日，李清泉的遗体由美国运回菲律宾。菲律宾政府按照给予功绩卓著的人物的礼仪，为李清泉举行了隆重的葬礼。中国驻菲律宾总领事代表国家为灵柩覆上了中国国旗。5000多人前来吊唁，献上他们深挚的哀悼与最后的敬意。蒋介石、宋美龄夫妇、菲律宾总统奎松、美国驻菲总督等均致唁电。新四军正、副军长叶挺、项英没有忘记李清泉对抗战的支持，联名发来唁电。

李清泉出殡那天，菲律宾政府下半旗志哀。马尼拉警察不得不全数出动以维持交通秩序。送葬的队伍里，有菲律宾高官，有国民党权贵，有侨界贤达，更有无数平民百姓自发前来送别这位菲律宾经济的先驱，华侨社会的领袖。沿途人山人海，哀声震天。菲律宾《世界日报》评论说，这一哀荣，是对这位以道德权威、荣誉及人道的华人社会杰出人物所表现出的空前痛惜和敬意的流露。

李清泉在华侨中身拥重望，登高一呼，响应者云集，奈何天不假年，抗战大业未竟，竟与世长辞。在其短暂的五十二度风雨寒暑中，他创造了一个又一个傲人的奇迹：他曾以一己之力，创造了富可敌国的商业帝国；他更曾以单薄的病躯，肩起国家民族存亡的重任。回首应无悔，一生救国济民未敢稍有懈怠；临行却有憾，几时驱逐敌寇复我好河山？他一生曾被冠以"木材大王"、"侨界柱石"等诸多赞誉，但对李清泉而言，最好也是最终的评价，或许还是那句"至死不忘爱国"吧。

榕谷深深，百年身影，独留心史在，待写与人看。

注释：

[1]《李清泉——华人社会最伟大的领袖》，菲律宾《世界日报》1987年7月20日。

[2] 许国栋：《李清泉传略》，《福建乡音》2008 年 7 月 30 日。

[3]《菲律宾岷里拉中华商会 30 周年纪念刊》，转引自李锐：《李清泉传》，海南出版社 1999 年版，第 62 页。

[4]《福建民国日报》1931 年 2 月 14 日。

[5]《江声报》1932 年 12 月 27 日。

[6]《国货赴菲展览》，《申报》1929 年 1 月 12 日第 13 版。

[7] 杨荣标：《李清泉先生思想风范》，《菲律宾华侨救国运动史》28～29 页。

[8]《厦门华侨日报》1933 年 5 月 1 日。

[9] 厦门《华侨日报》1933 年 3 月 16 日。

[10]《李清泉——木业大王》，菲律宾《世界日报》1987 年 7 月 20 日。

[11] 桑·琼斯：《李清泉先生》，菲律宾《先驱报》1940 年 10 月 2 日。

[12] 陈嘉庚《南侨回忆录》，作者自刊，1946 年版第 47 页。

[13] 同注 [12]，第 339 页。

[14]《新华日报》1938 年 4 月 13 日。

[15]《李清泉——华人社会最伟大领袖》，菲律宾《世界日报》1987 年 7 月 20 日。

鼓浪屿晃岩路72—74号有两座造型别致的楼宇，楼宇的原主人丘明昶是一位有着光荣历史的辛亥老人。尽管他曾经陪伴孙中山度过一段艰难的日子，尽管厦门中山医院、鼓浪屿中山图书馆都有他捐资的铭记，知道他的人还是太少，对他的记忆更是太模糊了。

辛亥前辈

丘明昶，原籍毗邻厦门的海澄三都新垵乡。这里是闽南的著名侨乡，历史上有大批乡人出洋谋生，在辛亥革命时期也出现过杨衢云等先驱志士。丘明昶年少时便南渡新加坡，几经辗转，定居于马来亚槟城。他从商店书记员做起，勤勉努力，略有积攒后在槟城边塔昌社尾湾头仔创办吉昌号油索行。他诚信经营，热忱服务，逐步扩大商行规模，在新加坡与印尼峇眼亚比等地开设分行。他不满足于已有成就，

丘明昶（？～1946），马来亚华侨企业家，辛亥革命老人。（丘鼎民供图）

寻求新的发展机会。在瞄准橡胶业的发展前景时，斥资购地开辟橡胶种植园，并与族人合作经营树胶绞（胶片加工厂）和米绞（碾米厂）。他还涉足华侨金融业，作为股东出任新加坡和丰银行、华侨银行主席与董事达16年。1935年，新加坡大华银行创立，丘明昶又被任命为大华银行副主席与董事。

丘明昶位于鼓浪屿晃岩路的楼宇。（丘鼎民供图）

这位成功的企业家，在经商的同时还热心公众事务，关心国家大事，关注远方的故土家园。

1905年8月20日由孙中山组织和领导的中国同盟会在日本成立。1906年，孙中山首次来到槟城筹募经费。丘明昶与吴世荣、黄金庆、熊玉珊、陈新政等人在小兰亭俱乐部热情款待他。当时孙中山发表了振聋发聩的革命演说，这些"大逆不道"的言论吓跑了许多华侨，却深深地打动了丘明昶，他意识到只有革命才能救国。1906年9月，孙中山在槟城建立槟城同盟会分会，丘明昶与吴世荣、黄金庆、辜立亭、陈新政等人成为中国同盟会槟城分会的第一批会员。

在考察了槟城的地理环境、华侨状况和同盟会骨干等条件后，孙中山把新加坡南洋同盟会总机关迁到槟城，槟城成为同盟会策谋革命、推翻满清政府的中心据点。从此，丘明昶更是坚定不渝地追随孙中山，积极参与同盟会活动，成为槟城同盟会的核心人物之一。

1909年，邱明昶与槟城同盟会的骨干会员在柑仔园94号设立了槟城阅书报社，引导民众阅读报刊图书，组织演讲和讨论，启发华侨的民主革命意识。当时每月都组织、安排各地来槟城的革命党人在阅书报社演讲，这里成了同盟会启迪民智的地方。

这一时期的槟城保皇派势力尚很雄厚，华侨整体上思想较守旧，而孙中山又急需南洋华侨提供足够的财力和人力继续支持国内的武装起义，因此需要制造革命舆论鼓励华侨出钱、出力。孙中山认为必须创办一家报纸，作为同盟会总部的宣传机构。1910年，邱明昶、黄金庆、吴世荣、陈新政等十三人筹备着创办报纸。孙中山亲定报名：他希望通过这份报纸，揭露清政府丧权辱国的真面目，唤醒侨胞团结一心、光复中华，故名《光华日报》。这份报纸寄托着孙中山极高的期许，也倾注了丘明昶等革命党人的心血和努力。丘明昶自1911年任光华日报第一届议员起，历任第二届至第四届以及第八、九届协理，第五、六届副总理，第十八、二十届董事，1934年还任副主席等。

在丘明昶等人的不懈努力下，《光华日报》不辱使命，大力宣传、鼓吹资产阶级革命思想，使民主革命的主张渐入人心。该报在南洋广受华侨的欢迎，是革命党在当地最重要的舆论阵地，培养了广泛的群众基础，鼓舞了群众的革命斗志。

1981年，全国侨联前主席庄希泉撰文回忆自己1911年加入同盟会的情形："同盟会南洋支部原来设在新加坡，以后迁至槟榔屿。我就是在槟榔屿由陈新政、黄金庆、丘明昶三人介绍参加同盟会的。记得我的会员证号是四万多号，由此可见南洋华侨参加革命组织人数之众。"[1] 诚如庄希泉所言，1911年槟城的革命队伍已经相当壮大，而这群众基础的建立，与《光华日报》和阅书报社的广泛宣传是密不可分的。

由于宣传工作有效到位，槟城华侨被广泛地发动起来了。这时期革命活动的大量经费，包括历次起义的枪支弹药、革命组织的活动费、报刊的发行费以及孙中山等领导人的旅差费等等，数额可观。邱明昶和他的战友们率先捐献巨资为革命出钱出力，许多华侨也纷纷慷慨解囊，捐资助饷，从经济上支援孙中山领导的反清革命。

1910年广州新军起义失败，由于日本、越南和新加坡等地政府的驱逐，几无存身之地的孙中山避难槟城。丘明昶和他的战友们当即行动起来，安顿、接待孙中山一家。据邝国祥的《槟城散记》记述："那时候孙中山眷卢夫人，还有一位姓陈的如夫人，和二位女公子，一家五口，租住四坎店柑仔园侧的四百零四号门的小屋子。……他到了槟城，就在本城组织同盟会总机关，重振旗鼓，并在各埠设立分会。"当时孙中山在经济上极其窘迫，一家人每月百元以上的生活费等均由丘明昶、陈新政、黄金庆等十一人共同负担。[2] 这是革命成功之前最黑暗的时期，也是孙中山生命中极为艰难困苦的阶段，槟城的革命党人陪伴他一同度过。

1911年，厦门光复后，丘明昶、陈新政等在马来亚积极筹募款项汇回家乡，支持正面临严重财政困难的新政权。据庄希泉回忆："武昌起义之后……国库如洗，独立各省的军政府都面临严重的财政困难，有些地方连军饷也发不出。……在南北议和时期，孙中山先生主持的南京临时政府为了振兴实业、充实国库，责成沈缦云出面组织'中华实业银行'，招股1000万元，并决定其中的500万元向海外华侨招募。……在吉隆坡、槟榔屿、仰光等地，各阶层华侨踊跃认股，其中在组织筹款方面最有力的有陆秋杰、陆秋泰、吴世荣、陈新政、邱明昶、庄银安、徐赞周等。"[3]

1914年，袁世凯窃国后，孙中山先生一面组织中华革命党，一面请华侨帮助以军债票募款。时值欧战期间，侨居地政府以戒严的名义禁止募款，丘明昶与陈新政不顾禁令，依然为此事四处奔走鼓动捐款。有人向英殖民政府告密，陈新政被传讯，丘明昶也险遭迫害。

对广大华侨的无私奉献与支持，孙中山曾深情地总结道："华侨为革命之母。"在回顾辛亥革命成事之因时又说："同盟会之成，多赖华侨之力，军饷胥出焉。"丘明昶无疑是这些华侨中的佼佼者之一。

为了表彰丘明昶为革命作出的杰出贡献，民国成立后，同盟会在革命时所用的两个炮弹壳上镌刻铭文"南洋同盟会总机关邱明昶先生惠存"、"建设民国纪念"等字样赠送给丘明昶。

在支持反清革命的同时，丘明昶还发扬中华民族重视文教事业的优良传统，在他一生中，多次参与捐资办学。

1904 年，他参与创办了马来亚第一所新式的华文学校——槟城中华学堂，取代旧式私塾。该校办学思想先进，课程中西兼容，开马华新式教育的先河。

1917 年，丘明昶又与槟城阅书报社的同志一道创办了钟灵学校。他们一反当时社会上重男轻女的风气，极力主张男女平等，反对女子缠小脚的陋俗，并明确提倡对女子教育须一视同仁。丘明昶认为"处此优胜劣败之世界，女子为将来国民之母。若无教育，必无贤母；既无贤母，那有贤子？故主张与男校并重"。[4]

1919 年，丘明昶又参与创办槟城福建女校(后改为槟华中学)，并出任协理、董事。

中华民国创建伊始，孙中山主持制定了一系列奖促工商的法规法令，为发展工商业营造良好的社会氛围，民族资本开始进入较大规模发展的"黄金时代"。20 年代，一批事业有成的闽籍华侨相继回国，投身发展民族经济、建设新兴城市的洪流中，丘明昶也回到家乡投资兴业。他常往返于槟城和厦门之间，兼顾两地的生意，并在鼓浪屿晃岩路购置两栋楼宇，与家人居住。

回国创业，丘明昶秉持一贯勤奋笃实的行事风格，除了经营自己的公司外，他还投资厦门的码头建设，参与厦门方兴未艾的进出口贸易，均获利丰厚。1927 年，他投资 4 万银元，在厦门第一条马路开元路（时称新马路）上开设了明昶公司，经销欧美、南洋货品及家具等。丘明昶在厦门还创立了万记行，代理国际品牌铁柜、铁床等铁器及行船用的铰链、油索（绳）等，生意十分红火。为推动厦门工业的发展，他在厦门豆（兜）仔尾路购地拟兴建工厂，引进外国先进设备，无奈抗战爆发终未成事。

对关乎民生的医院及开启民智的图书馆等公益事业，丘明昶也十分重视并乐于解囊捐助。1928 年，丘明昶参与捐资兴建厦门中山医院；同年，又受聘担任鼓浪屿中山图书馆董事，并与著名爱国华侨黄奕住共同捐资为中山图书馆购买书籍。据老一辈市民回忆，上世纪 30 年代，中山图书馆二楼的书库中专门辟有"奕住堂"和"明昶室"，后者便是为褒扬丘明昶捐款购书善举的。

开创事业的同时，邱明昶不忘回馈乡里。他看见新坡土路逢雨便泥泞难行，返南洋后积极募款汇回家乡，为乡里修建平整的道路。厦门沦陷时，他的明昶公司排除万难，从非沦陷区运来大批白米、燃料木材等稀缺的生活必需品供给厦门市民，其美德善举在民间众口相传。

丘明昶见多识广，思想开明。他是槟城华侨中剪发明志的先行者，1909 年便率先剪辫易服[5]；在家中他不拜鬼神，将各种祭祀繁礼废除净尽；他反对重男轻女、反对女子缠足；1922 年，丘明昶致函族中长辈丘瑞轩等，提及"迷信神权宜速删除也"，

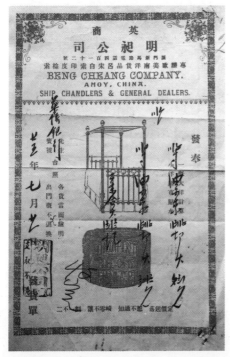

明昶公司发货单。（洪卜仁供图）

[6] 建议在国困时艰之际，取消乡里一些所费不赀的祭祀社戏活动。他一生追随孙中山，拥护、践行三民主义，其长孙出生，他特为之取名"鼎民"。

丘明昶之墓。（丘鼎民供图）

抗战胜利后，1946 年 3 月 12 日，丘明昶出席南洋同盟会举行的孙中山逝世纪念大会，在植树仪式时不慎受伤，不久竟溘然长逝。丘明昶逝世后，同盟会同人为他举行了十分隆重的悼念仪式，并在墓碑上镌刻了孙中山手订的革命军旗，及挽联"青山埋侠骨，黄土吊英魂"。

注释：

[1] 庄希泉：《辛亥革命中的南洋华侨》，《人民日报》1981 年 10 月 12 日第 4 版。

[2]《掌握民国命运的华人领事》，第 70 页，转引自厦门文史专家洪卜仁民间收藏资料。

[3] 同注 [2]。

[4] 丘明昶致瑞轩叔祖等函，1922 年 9 月 21 日，转引自厦门文史专家洪卜仁民间收藏资料。

[5] 宋蕴璞：《丘明昶君》，《南洋英属海峡殖民地志略》，蕴兴商行 1930 年 1 月版，第二篇第四章，第 64 页。

[6] 同注 [4]。

　　鼓浪屿福建路 38 号"海天堂构"几乎是上岛游客必到的地方。跨过高大威风的门楼，一派华洋竞呈、中西杂糅的气息扑面而来：富丽堂皇的西式楼身上骑着一个中式的歇山顶，端庄稳重，气宇轩昂，一如它的主人菲律宾富商黄秀烺当年，傲然雄视、威风八面。

菲侨良贾

　　黄秀烺，字猷炳，祖籍福建晋江东石镇檗谷村。1859 年出生于晋江县深沪镇，年幼时父母双亡，由于家境贫寒，无法上学。他经常到村里私塾窗前听先生讲授诗文，馆里的孩子们才诵读几遍，窗外的他已经背诵出来了。私塾先生知道后非常惊奇，破例准许他免费随读。后来，迫于生计他辍学跟随二哥到宁波、香港等地做生意，不久二哥又不幸去世，秀烺便随乡亲远渡菲律宾谋生，在一位林姓华侨经营的米店当杂差。

　　当时米价起起落落，全由一位人称"米王"的陈大老板掌控着。这天，黄秀烺和往常一样到"米王"那里探听近日米价行情。听说"米王"还没起床，黄秀烺不敢惊扰，在厅堂静候。闲坐着见厅堂满地烟蒂、果皮，勤快的秀烺便习惯地操起扫帚忙碌起来。忽然，椅子底下一张小纸条引起了他的注意。按自家老板定的规矩，任何纸张都要认真察看，不能疏忽误事。黄秀烺摊开纸条，只见端端正正地写着"子在陈"三个字，他记起儿时学过的《论语》。可是"子在陈"怎么在这里出现呢？他猜测应该和生意有关。想着想着，忽地明白了。他顾不得等候"米王"，揣着字条跑回店中。见了林老板，递上那纸条。林老板摊开一看，莫名其妙，搞不清这代表什么。黄秀烺见周围顾客出出进进，很是嘈杂，一边拉着老板进到内室，一边居然向老板讨香茶喝。这林老板的香茶是来自千里之外的家乡的上等铁观音，被视为高丽参般贵重的奇品，平时除了尊贵客人，谁也难能喝上一口。林老板见这平日乖巧规矩的晚辈突然开口索要香茶，虽心中不解，却料想必定事出有因，便亲手沏了一泡又浓又香的正品铁观音茶，让他享用。

黄秀烺感激老板以礼相待，赶紧细述纸条的来历及自己对"子在陈"的理解。原来"子在陈"出自《论语·卫灵公》里的"在陈绝粮，从者病，莫能兴……"说的是孔子在陈国被围困断绝粮草的事。看纸条推测，应是机密的商业情报。为使传达的信息隐秘难解，"子在陈"之后故意隐去"绝粮"二字。再看今年的气候，台风多、暴雨多，势必导致稻谷歉收，这纸条显然是暗示"米王"须囤积大米的。黄秀烺说着说着又建议道："按这纸条推测，往后米价定会上涨啊！不如咱们先停止出售，另多派些人到别处购米囤积，如果银钱不足，以老板您的名义先去借贷，不知这样可好？"林老板听了黄秀烺这番分析和建议，欣喜异常，马上倾资大量购进粮食，囤积居奇。不久，果然粮食紧张，米价飞涨，小米店发了大财。林老板一方面感谢黄秀烺的帮助，一方面觉得不该埋没这样的人才，便送他一笔钱，让他自己开店当老板。

此后，黄秀烺凭借自己善于捕捉商机的敏锐眼光和勤勉诚信的经营作风，生意滚雪球般地不断拓展，把市场扩到了日本等地。经过多年的打拼，黄秀烺成了菲律宾巨富，名扬菲岛，蜚声家乡。

1899年，40岁的黄秀烺携带巨款回国，买房置业，定居鼓浪屿。他关心家乡建设，1905年，清廷在籍侍郎陈宝琛向华侨募股创办漳厦铁路公司，黄秀烺积极响应，并四出鼓吹宣传、协助募集资金。1908年，他在厦门开设"炳记行"经营进出口生意和侨批业。[1]他依然注重诚信，热情待客，生意发达兴旺，获利甚丰。

黄秀烺一直和家乡保持着密切的联系，从多方面帮助家乡，他几次出资调解晋江县的宗族械斗。号召村民绿化乡里，并特意从菲律宾运来龙眼树和优良的粟种分赠给乡人种植。他热心公益事业,怜恤孤寡,救贫济困,还独资修葺泉州开元寺的西塔。1916年黄秀烺获大总统黎元洪颁赠的嘉禾勋章和"急公好义"的题褒。

1913年,刚过50岁不久的黄秀烺,在春风得意中竟然就想到了生命的最后归宿。他想效仿古人族葬之法,建一座家族墓园:"异日百岁之后,归骨于此,吾子孙祭于斯,厝于斯,奠幽宫于斯,绵绵延延,守而不失。"[2]他斥资25万银元,在祖籍地营建极为奢华的中西合璧的墓园"古檗山庄"。他启动广泛的人脉关系,遍邀国内名流题咏,刻石数百方,嵌入墙上。康有为、梁启超、张謇、林琴

黄秀烺精心营造的墓园"古檗山庄"。

古檗山庄一角。

南、郑孝胥、陈宝琛、吴昌硕、袁世凯、黄培松、唐绍仪、梅兰
芳、黄炎培、章太炎、汪精卫等，皆有题刻，名家济济，真草隶
篆，各呈异彩，集书法金石艺术于一园，堪称近代书法大全，而
庄主的能量也由此略见一斑。墓园建成于 1916 年。巧合的是，菲
律宾富商黄秀烺与台湾富绅林尔嘉都是 19 世纪末定居鼓浪屿的，
1913 年，当黄秀烺返乡兴建檗谷山庄时，林尔嘉正在鼓浪屿动工
建筑私家园林"菽庄花园"，而同样是这一年，在与鼓浪屿隔海相
望的集美乡，新加坡华侨陈嘉庚创办的乡立集美两等小学正式开
学，拉开了陈嘉庚在祖国大规模办学的序幕，此后，其办学规模
倍增、高潮迭起，创造了中国私人办学的奇迹。不同的选择，显
示了不同的生活理念，也象征了那个时代文化思潮的多样性。

　　安排了身后的归宿问题，适逢诸多回国投资兴业的华侨选择
鼓浪屿购地建屋、掀起一波建筑豪宅的高潮，黄秀烺于是拆除了原
先购得的外国俱乐部，兴建了鼓浪屿"海天堂构"里的三幢豪华
气派的别墅，这组鼓浪屿唯一按照中轴线对称布局的建筑群，体
现了黄秀烺的意志和追求：出类拔萃的中楼——西式的主体建筑

深邃而明爽，为主人提供了熨帖舒适的起居情趣；高高在上的中式歇山顶，飞檐斗拱、垂花雕栏，抒解了主人久居殖民地积压心头的闷气；凭栏远眺，傲视岛上的外国建筑，满足了主人的民族自豪感。

黄秀烺在这座园子里享受着众星拱月般的尊贵生活，在这里度过了生命的最后时光，直到 1925 年逝世。这位走南闯北见多识广的智慧老人，骨子里是很传统的，据坊间传闻，他有七房太太。当她们归宿在古檗山庄时，只有与黄秀烺合葬的德配夫人碑上刻有陈夫人，元配尚无名字，更遑论姨太太们了。

注释：

[1] 侨批业是指在金融、邮政机构尚未建立或很不完善时，民间专营揽收或解付海外华侨汇回国内的款项及简短书信、并收寄国内侨眷回执的行业。

[2] 宋怡明：《黄秀烺墓志：20 世纪初期的华侨、侨乡与中国现代化》，《海交史研究》第 43 期，中国海外交通史研究会 2003 年 6 月版，第 100 页。

1920 年代，厦门大兴市政建设，又值国内银价下跌，对于手持资金准备投资的华侨来说实为回国投资的好时机，于是，不少华侨纷纷转移资金，来厦发展。

有成就的华侨，由于见多识广，老练踏实，回国投资往往能够较准确地判断投资项目的风险和收益，较准确地选定投资项目。缅甸华侨曾上苑和王紫如昆仲便是独辟蹊径的投资人。

创业匠心

（一）

1919 年，缅甸富商曾上苑携带巨资回家乡厦门投资建设，希望为家乡的发展、繁荣出一份力量。

这位成功的富商，1870 年生于厦门郊区曾营村，少时家贫，靠卖"蚵茶炸"（海蛎炸）度日，长大后到厦门码头当苦力谋生。1909 年南渡新加坡在一家米行当伙夫。他不辞劳累勤奋苦干，深得老板的赏识，被提拔为粮食押运员。他善于学习和观察，几年之间，熟悉了米业的产、供、销等相关业务。于是，他向老板提出到缅甸开设米厂，直接把"仰光米"运来新加坡让老板销售，省去中间环节，实现利润的最大化。老板觉得他有志气、有想法，而且自己也将是受益者，便资助他去缅甸创业。

1913 年，曾上苑在仰光对岸开方道港区设立"益和成米厂"，将加工好的仰光大米，源源不断运往新加坡，售与原先的老板，这两个交情深厚的"头家"（老板）和"伙计"（雇员），成了互惠互利的供销两方。他俩诚信相待，业务发展很顺利。就在曾上苑独立经营的第二年，第一次世界大战爆发，交战国忙于战事，无暇他顾，粮食减产，而大米又是重要的军需物资，一时求过于供，价格日涨。作为盛产大米的缅甸，大米出口量激增，米厂因而大发其财，获利丰厚。曾上苑适时地扩展业务，米厂由一个增至三个，员工增至 1000 多人。仅五年时间，他便跃居缅甸华商巨子的地位。

第一次世界大战刚结束，曾上苑就携款回国。他落脚鼓浪屿，购屋定居。这时的厦门市政建设刚刚起步，百业待兴，曾上苑投资创办东方江东冰水厂和房产公司，并参股投资银行业，参与创办电灯公司、自来水公司、漳嵩汽车运输公司等建设事业，同时又在寻找新的投资目标。

他注意到作为通商口岸的厦门，越来越多的富商巨贾、达官贵人常来常往，却没有较具规模、较上档次的酒店，显然这是个商机，于是拨出巨款在厦门的黄金地段鹭江之滨兴建现代化的多功能、豪华型酒店"大千旅社"。他注重提升服务质量，培训服务

20世纪30年代，拥有300张床位的大千旅社备受达官贵人及海外华侨的青睐。（华侨博物院供图）

员,让客人享受宾至如归的惬意。很快,这家拥有 300 张床位的旅社成为海外华侨回国探亲访友首选的落脚点,成为官吏显贵、商贾富绅行旅闽南理想的歇息地。大千旅社备受青睐,闻名遐迩。

成功的经营迎来络绎不绝的宾客,不意也招致匪徒的觊觎。1934 年 3 月,盘踞在同安、晋江、南安三县交界处天柱山上的匪徒绑架了曾上苑,索要赎金 10 万银元。警方接到报案虽极为重视却无力剿匪。所幸,曾上苑身陷囹圄急而不慌,他看准两个常陪同自己进餐的匪徒看守,几经试探,晓以大义,并郑重承诺如能助己脱险,必携带他俩出国并助其经商致富。两匪徒果然冒险帮助曾上苑脱离虎口。

这次遇险令曾上苑对厦门的治安环境深感忧虑,加上不久助他脱险的匪徒之一上街即被埋伏的绑匪枪杀,更令他忧心忡忡,寝食难安,他再次选择离开祖国前往缅甸。

他信守承诺,带上那个存活的匪徒重返仰光,再操“益和成”旧业。轻车熟路,生意一如既往的兴旺红火。

1937 年抗日战争爆发,曾上苑同广大华侨一样,爱国心切,他几次捐献巨资支援祖国抗战。1941 年 12 月 8 日,太平洋战事爆发,同年 12 月 23 日日本机群轰炸仰光,曾上苑的两家米厂被夷为平地,损失惨重。1942 年 2 月,日军逼近仰光,曾上苑携家眷匆忙逃入内山,这时他的财产已所剩无几。国仇家恨萦绕心头,曾上苑抑郁成疾,于 1942 年夏天饮恨病故于缅甸山芭,终年 72 岁。

（二）

1928 年,缅甸华侨王紫如、王其华昆仲在厦门注册成立如华公司,从事房地产开发。

王紫如、王其华祖籍福建惠安,由于家境贫寒,离乡背井到缅甸仰光拉人力车谋生。兄弟俩勤劳正直又灵活精明,他们预见到这里的人力车行业具有很大的发展空间。在听说上海人力车车轴装上一种新配件"滚珠花鼓筒",既可减轻车夫的劳动强度,也让乘客更觉舒适时,他们便学习这种技术,对缅甸的人力车进行技术改造,并申请专利,由此赚了第一桶金。不久他们在仰光滨海街开设了"泉胜栈"人力车行,经营涵盖全缅甸的人力车载客生意,事业日益兴旺,鼎盛时期拥有1000多辆人力车。

20世纪30年代闽南地区最现代化的鼓浪屿市场,如今已面目全非,唯有楼顶上清晰的砖雕标识令人遥想曾经的风华。(泓莹供图)

　　1928年,发家致富的王紫如兄弟携资回国,他们选中了鼓浪屿置产兴业。

　　他们投资建设的是最贴近民生的菜市场。在较为简陋的菜市场投入使用后不久,1932年王紫如兄弟与工部局订立了专利契约,兴建了鼓浪屿市场。他们借鉴较先进的新加坡模式建设市场,场地宽敞,层高满足通风和排除异味的要求,给排水设施完备,摊位按商品种类设置,荤素干湿不相混杂,是当时闽南地区最现代化的菜市场。

　　接着,他们从国外进口木料和压花玻璃等建筑材料,在菜市场楼上兴建小巧别致的电影院"延平戏院"，缓解了鼓浪屿民众看电影难的问题。

王家兄弟就这样在紧凑的两层楼里，为市民提供物质与精神的食粮。

1930 年他们与人合资，从德国进口机器设备，在鼓浪屿创办福建硝皮鼓浪屿股份有限公司，产品远销国外。

此外，他们积极地参股建设漳嵩公路，并在家乡惠安捐建医院、学校、捐资修桥铺路等等。

参考资料：

1. 陈仲明　曾营丁：《缅甸侨商曾上苑沧桑史》，《厦门文史资料》第 13 辑，1988 年 4 月出版。

2. 《厦门华侨志》，鹭江出版社 1991 年版。

这是一个在厦门饱受争议的人物，而且总是毁大于誉。

二十世纪二三十年代，黄仲训在厦门曾富甲一方，仅在鼓浪屿便建起六十余栋别墅，连日光岩都一度被他圈入私家花园，只是如今，厦门居民口耳相传间对黄仲训的记忆，津津乐道的除了那私占日光岩引起的官司，便只余下那一场海上赌局赢得黄荣远堂的传说。其实黄仲训本人的故事远比这曲折精彩，若有心追寻这位"瞰青主人"当年的足迹，自当在鼓浪屿蜿蜒的巷落中，寻访那一栋栋中西合璧的洋楼，即可窥得往日黄仲训一手筑起的繁华胜景之一二；更应在厦门诸多的摩崖石刻上，审视那一片片笔力浑厚雄健的题刻，方能探寻当初黄仲训的胸中丘壑与笔底波澜。

瞰青旧主

黄仲训（1875—1951），字铁夷，乐邱屏山（今福建南安市）人氏。

黄仲训出身一方望族的紫云五安黄氏，先祖黄守恭是唐初泉州郡儒，据《泉州府志》、《开元寺志》及唐代黄滔《泉州开元寺佛殿碑记》记载，今日泉州著名的开元寺原为黄守恭家宅及桑园。唐垂拱二年（686年），黄守恭家中桑开白莲，以为祥瑞，便将家宅布施以建寺。黄守恭舍宅后，便为自己的五子留下四海开拓、兴业安居的训诫，曰："骏马登程往异方，任从随处立纲常。汝居外境犹吾境，身在他乡即故乡。"[1] 黄氏子孙谨守祖训，果然向四处发展，开枝散叶。1000多年后，早已身在他乡即故乡的黄仲训依然不忘源头，时时以紫云黄氏后人自居。清末诗人许南英曾在1914年为当时仍客居安南的黄仲训四十寿辰赋诗一首，首联便是"紫云深秀郁磅礴，闲气特钟黄氏族"[2]。1922年，自海外衣锦还乡的黄仲训还以紫云裔孙的身份，与黄奕住、黄秀烺等合修黄家开元檀樾祠。据《重修开元檀樾祠并大禅寺记》所载，当年黄仲训除与黄奕住合修檀樾祠后进之外，另又单独主持修缮了法堂，出资最多。

黄仲训这一系的先辈早年移居嘉禾里（今厦门）文灶村，人称"文灶黄"。父亲黄文华，字秀荣，生于 1855 年，原为文人，不得志，遂"弃觚就市"[3]，在村里磨豆浆做豆干维持生计，后又觉得年景不佳、家计艰难，无奈之下寻思出外发展。大约在 19 世纪 90 年代，黄文华背井离乡前往安南堤岸。安南即越南，曾为我国藩属，1885 年中法安南之役后，清廷将其割让给法国，遂成为法属殖民地。黄文华在安南白手起家，经营二十年，成为当地有名的富商。

黄仲训对鼓浪屿多有贡献，却因疏失和傲慢而招致民怨和官司。（白桦供图）

关于黄文华的发家史，坊间传说最多的是"法人报恩"的轶事。据传黄文华有一法国朋友生意失败，为筹措归国路费四处求借，却一再碰壁，最终是黄文华伸出援手帮助他。法国朋友感激之余，建议黄文华买下河内郊区一片名为"厚芳兰"的荒地，预言它是将来法国殖民政府建设铁路的必经之地。黄文华依其言以低价买下厚芳兰，未几预言果然成真，建设铁路征地时，地价飙升，黄文华得到丰厚赔款，以此一举奠定发家基础。

这则轶事虽然趣味有余而实证不足，近乎野语村言，不足为凭。较可信的应是厦门教育耆宿陈延庭的回忆。据陈老在《我所认识的四位华侨》里所述，黄文华初到安南时以挑水谋生，省吃俭用所积累的钱财，一半寄回厦门家中，一半存在身边。略有积蓄后，不少安南人向他借贷，黄文华于是立下规矩，借款均需以出卖荒地多少面积的卖契为质，无力还贷者的荒地便归其所有。如此往复数年后，他手中已握有一大片荒地。其时，周边华侨无不讥笑黄文华此举：余财不去行商，换来那些无用的荒埔，简直是鬼迷心窍。谁料数年后，法国人建设南北越铁路，中央车站就定在堤岸市郊，恰在厚芳兰荒地边缘。黄文华当即函召人在福建的黄仲训速往安南，协助处理这块地皮的相关事宜。[4]

黄文华膝下共有四男二女，黄仲训是次子，在亲生的儿子中既是老大，也是同辈兄弟中唯一有功名在身者。他当年刚刚考中同安县秀才，被拨入泉州府学为增生，许南英给他的贺寿诗中提到"弱冠一衿登首选，中年万贯满腰缠"[5]，上半句谈及的便是这段过往。当时黄仲训正想一鼓作气赴乡试，从场屋入仕途一展身手。不料庚子（1900 年）风云突变，八国联军攻入北京城，时局动荡，人人自危。在这样的时代背景下，1901 年，黄仲训遵父命远赴安南，就此踏上了他的地产大王之路。

黄仲训有计划、有步骤地开发厚芳兰地块。他划出地段，先将其中一部分土地售给商家建设仓库，以所得地价作资金在余下的土地上建筑商店与住屋，再高价卖出。如此逐级经营，规模不断扩大，在为家族的房地产业打下比较稳定的基础后，他又召来胞弟黄仲赞协助管理建筑工程，自己则将触角伸向更为暴利的税典业。其时法国殖民政府正谋划加强对安南地区商品流通税的征收，黄仲训即向政府建议由自己设立短期的典铺，承办商家借贷完税，典铺取息 20%，期限 4 个月，过期，典品即归典铺所有。短短数年间，黄家税典铺的分店从堤岸开到了西贡，随着市区的扩

感念父亲创业的艰辛，兴筑观景赏月的亭台取名"厚芳兰馆"。

张，更是遍布全市区。如此层层盘剥，使许多同侨的血汗汇成了黄家的庞大财富。

据《富侨黄仲训杂事》记载，黄文华一家当年仅在西堤便造了数百座楼房，还在市中心盖了一家大市场和一座有300个床位的大医院。黄仲训经营的房地产业遍布越、法、英、美及港、台等国家和地区，身家逾千万。

1913年，久客他乡的黄仲训带着百万银元的巨资回到了故乡，准备在家乡的城市化建设中大显身手。

民国已经取代清室，黄仲训的耀祖荣宗之路也已定格为富甲一方而不再是科举功名。他将文灶旧宅改建为宗祠，从他父亲黄文华肇始别立一宗。同时选择紫云一派的发源地泉州作为第一个投资目标。1913年冬天，黄仲训即在泉州城新门街侧开辟叠芳桥区。为使他兴建的社区楼房临街而立，他竟要将泉州城古老的下水道两丈多宽的八卦沟临街这一段填平，因而理所当然的遭到当地居民的同声反对，最终只得在沟上架桥连通楼房与街道。这是黄仲训在中国因其财大气粗、为所欲为，受到的第一次挫折。如果此刻他能吸取教训，当不至于有后来瞰青别墅的十年纷争。

1914年第一次世界大战爆发，黄仲训匆匆赶回安南做好安排，直至1916年方返回中国。这次他转向了山明水秀的鼓浪屿，创立了"黄荣远堂"，购买了龙头山麓日光岩一带的大片坡地，先后建起了60余栋西式别墅。总面积约1.8万平方米。首先兴建的，一为厚芳兰馆，以此纪念其父黄文华当初在安南胼手胝足、筚路蓝缕的艰辛创业历程。一为与厚芳兰馆毗邻、他有意终老于斯的瞰青别墅。而正是这瞰青别墅此后为黄仲训带来无数烦恼。

由瞰青别墅地界争执引起的"黄仲训侵占公地"案，从1916年爆发到1928年才以调解成事了结，1926到1927年间尤其轰动。黄仲训则因此而一直成为有争议的人物。瞰青别墅背靠日光岩主峰，右界郑成功当年的龙头山寨。黄仲训在后墙筑起城垛式的围墙，又在右侧面向龙头山寨的巨石上刻上手书的"郑延平水操台遗址"和郑成功的五言绝句"礼乐衣冠第，文章孔孟家。南山开寿域，东海酿流霞"。还请担任泉州府尹的李增霨题了"闽海雄风"四个大字。这水操台的出现，引起了公众的兴趣和注意。当时由鼓浪屿华民议事会发起的"延平公园筹备会"刚成立，他们派人认真察看了瞰青别墅的地界，查看契据，发现只有小部分土地的契据经过政府部门的验印，且后墙上还嵌有一块"日光岩界"的界石，于是提出"黄仲训侵占公地"的控告。后据黄仲训的辩解再经细查，证明黄仲训确实购买了瞰青别墅的全部土地，共持有地契11宗，因时局动荡，只有4宗取得验印。但被黄仲训坐实为"郑延平水操台遗址"的右侧几块巨石的归属则不明确。巨石下包括巨石间地面应为黄所有，从正面看巨石，也似向瞰青别墅一面倾斜，但在位置上又显然与日光岩主峰的丛岩联成一体。使争执从一开始就急剧激化的是，黄仲训自恃是法国籍民，竟在日光岩上挂起法国旗，并请出法国驻厦领事花嫩芬，通过中国外交部驻厦门交涉员刘光谦向对方施压。这一切招致厦鼓各界大动公愤，抨击、臭骂、抵制扑面而来。瞰青别墅后门门槛上有黄仲训自书的对联"此地有人常寄傲，问天假我几多年"，即被人在对过街墙上写了批语"刻薄成家，宜不永年"。

黄仲训手立的一份分书。

黄仲训位于越南胡志明市的别墅如今是当地的博物馆。
（洪卜仁供图）

市上更流传侮辱性的臭骂："婊仔黄仲训，大佬假光棍"[6]。鼓浪屿的菜贩甚至不卖菜给黄家。在四面八方的压力下，黄仲训不得不改换一副面孔，谋求妥协。他单方面邀请了刘光谦和社会名流洪晓春、黄奕住、林寄凡、高振声、叶谷虚等为"仲裁者"，最后按照对方的意见改为"调停者"。"调停者"查清事实，奔走斡旋，几经曲折，1927 年 3 月，由刘光谦署名致函双方，提出了"调解意见书"。由于延平公园筹备会尚有意见，刘等又再听取舆情，反复修改，于 12 月最后定稿，1928 年 1 月才被延平公园筹备会认可，结束了争执。

黄仲训"考证"出水操台的依据，仅是留在巨石上的几个卯孔，并不充分。"调解意见书"对水操台的存在取存疑的态度，而指黄仲训为好名，这就巧妙地为黄解脱了侵占公地的罪责。但从调解的具体条件看，黄仲训做了相当的让步，付出了一定的代价：他放弃了"水操台"，又作价让出了古避暑洞后面的一片地，还拨出了包括"国姓井"在内的从日光岩山麓到港仔后海滨的 3000 多平方米的地块，即后来的延平公园所在地。

应该说，在界地风波中，黄仲训理实有亏，情则可原，他以好名而启祸端，因疏失而取咎戾，由傲慢而惹民怨，所作所为，虽有争议，实无大过。他捐地散财帮助修建延平公园，有造福乡梓之实却未得造福乡梓之名。若以"侵占公地"为其盖棺定论，似欠公允。

黄仲训似乎命中注定要成为故事中的人物。1931 年间，他从菲律宾闽侨施光从手中取得了施位于鹿耳礁（现福建路 32 号）的豪宅，并以其家族公司黄荣远堂号名。传说这是他有次与施光从同搭一条轮船放洋，在海上豪赌赢来的。施从此举家移居菲律宾，而黄在抗战发生后也携眷避往安南。1941 年太平洋战争爆发，日本随即占领安南。日军曾利诱黄仲训出任伪职，黄坚辞不受，惹怒了日军。结果他的税典行被日军取缔，他更因身为法国属民，被日军抓去服苦役，天天生活在皮鞭下。这样的摧残折磨令黄仲训的健康急剧恶化。1945 年日本投降后，黄已身心交瘁，1951 年在越南去世。越南南北方统一后，黄家又成为没收对象，其子孙辈及后人大多辗转流落到美国和法国。黄荣远堂在鼓浪屿的产业由其长兄、黄文华的养子黄庆松一系处理，因所有权人星散国内外，产权至今尚未落实。关于黄仲训的记忆，也就只存在于人们的笑谈中了。

其实，说黄仲训"刻薄成家"并非太过分，其典铺的盘剥尤为众人所诟病。但他也做了不少好事，他经营的房地产开发，无论在越南、在中国的泉州和厦门的鼓浪屿，都是对当地都市化的一项积极贡献。他兴建的鼓浪屿黄家渡码头，应予肯定是一项非功利性的社会福利事业。瞰青别墅及紧邻的西林别墅被辟为郑成功纪念馆，至今依然是一处令游人流连驻足的园林之胜。而黄荣远堂曾作为鼓浪屿幼儿教育基地，是一代又一代孩子难以忘怀的童年乐园。对于家乡的公益事业，他也从未落人之后。如调停晋江械斗，他与李清泉、黄奕住、黄秀烺共同调解了安海乡民因械斗引起的与北洋军队孔昭同旅的冲突，消弭了一场惨祸，并出资办理善后等等，凡此种种功不可没。他在厦门留下的摩崖石刻之多，既为江山增色，也使他成为继当年黄日纪之后的第一人。

　　黄仲训生活的年代，正是中国社会连续急剧转型的年代（越南亦同）。第一次是资本经济的大潮打破了他少年的名士梦，将他陶冶、洗炼成为一个敏锐的投机商人。尽管他还想留在文士的行列中，并为此疏财结客，但当时在中国仍保持较高的社会地位与自身尊严的传统读书种子已经离弃了他。从瞰青别墅的诗酒之会所能集结的人士，以至他为调停侵占公地案所能起动的名流，均为官吏、商绅或豪门食客，而不见有被公认为德高望重的耆宿，也无"学校中人"出来为他说一句话，便可窥见此中消息。加上其中的帝国主义殖民势力与反帝力量斗争的因素，就使他在社会公众中成为众矢之的。第二次是社会革命的狂风暴雨，更将他一手创造的基业彻底摧毁，因而使他的后人在物资上和精神上失去凭依，悄然淡出历史舞台。这并非黄仲训一人的厄运，亚洲落后国家为不成熟的资本经济所孕育的许多工商业家，都有这种遭遇。这是历史的错位，还是人为的悲剧，且留待后人评说。但愿鼓浪屿人能对黄仲训有更多的宽容，毕竟他曾经真心真意的以鼓浪屿为"他乡即故乡"！

注释：

[1]《泉州市志·黄守恭传》，中国社科出版社 1999 年版。

[2] 许南英（清）:《窥园留草》。

[3] 一凡:《富侨黄仲训杂事》,《泉州文史资料》第 10 辑,1982 年 3 月。

[4] 陈延庭:《我所认识的四位华侨》,《厦门文史资料》第 23 辑,厦门市政协文史委 2002 年 12 月。

[5] 同注 [2]。

[6] 洪卜仁:《鼓浪屿人发起筹建延平公园的缘由——黄仲训侵占和归还日光岩郑成功遗址的一段史实》,载《鼓浪屿文史资料》第 4 辑,鼓浪屿区政协 1998 年 8 月。

缘
定鼓浪屿

鼓浪屿的女子教育起步很早，岛上女孩受过中等教育的很普遍，其才华出众者和一些大户人家的爱女就读于上海、北京等处名校、以至出国留学的屡见不鲜。中西文化知识的教养与开放而矜持、率真而娴静、有识而通世情的气度，使她们才质与风姿兼备，世代承传，更蔚为一种社会风貌，芳名远播，使多少青年才俊倾心、华侨子弟好逑，也成就了多少良缘！

20 世纪 20 年代初，新、马著名实业家陈嘉庚的二公子陈厥祥迎娶了鼓浪屿名媛王素虹；后来，六公子陈元凯又钟情于兄嫂的表妹、银行家之女周明真。抗战期间，陈嘉庚的大公子陈济民的原配夫人避难缅甸，后在云南染恶疾身故，战后，济民便求娶弟媳素虹之妹素月。三兄弟娶三姐妹，三姐妹成三妯娌，一时传为美谈。

以一己之力创办集美学校和厦门大学的陈嘉庚，为兴学不惜

王素虹与夫婿陈厥祥（新加坡陈立人供图）

从鼓浪屿到新加坡，从纯真活泼到贤淑典雅、雍容大方。
（选自周明真相册，新加坡陈佩仪供图）

毁家，付出了常人难以承受的代价，而他的子媳也
都一直默默地支持着他。在婚后漫长的岁月里，从
鼓浪屿走出来的三姐妹无论定居新加坡或生活在
香港，无论顺境或逆境，始终与其夫婿荣辱相守、
无怨无悔。

　　同时承载并传递着东西方潮流信息的鼓浪屿
女子无疑是迷人的。文学大师林语堂生命中分量最
重的两名女子也都出自鼓浪屿。其一是与他风雨相
随近六十载的太太廖翠凤，其二则是他一见倾心、
终身未忘的初恋陈锦端。

　　据林语堂《八十自叙》所言，当年林语堂与陈
希庆一同就读于上海圣约翰大学，陈希庆之妹陈锦

端正在与圣约翰大学仅一墙之隔的圣玛丽女子学校学习美术。初识陈锦端，林语堂就深陷情网，爱上了这位秀外慧中的女子。无奈陈锦端的父亲陈天恩医师不赞同她与林语堂间的恋情，还将邻居廖悦发的女儿廖翠凤介绍给林语堂。林、廖家长首肯后，林语堂与廖翠凤订婚，后在林语堂出国前，两人完婚，并携手远渡重洋，从此不管如何的颠沛动荡，两人相惜相伴未曾稍离。而陈锦端则在林语堂婚后拒绝了父亲选定的佳婿，只身赴美留学，于霍柏大学攻读西洋美术，学成归国，在著名的上海中西女塾授课，32岁方与一位厦门大学教授缔结鸳盟。

许多移民海外奋斗成才的闽南侨客，钟情于鼓浪屿女子，未必全是为她们外在的风采所吸引，而是更倾慕于她们内在的学识与修持。当年从缅甸回国寄居在鼓浪屿小桃园里的吴人俊，曾先后就读于集美女子师范学校与厦门大学历史系，毕业后南渡新加坡、马来亚执教华校。1947年吴人俊与华侨企业家许

顺境逆境，相携同行，图为和乐融融的周明真一家。（选自周明真相册，新加坡陈佩仪供图）

1919年，林语堂携手鼓浪屿新娘廖翠凤赴美留学。图为新婚夫妇在美国波士顿。（华侨博物院供图）

吴南英拿汀斯里与夫君陈火炎拿督斯里优势互补，成就了一番事业。（华侨博物院供图）

平等两心相悦志同道合喜结良缘。婚后吴人俊相夫教子，赞襄夫君发展事业服务社会，夫妻还热心公益，捐资兴学等等。据吴人俊之子、马来西亚国会议员、槟州前首席部长许子根回忆，当年父亲许平等出任马来西亚树胶公会总会会长、马来西亚中华工商联合会副会长、槟州中华总商会会长等华社领袖期间，许多讲稿与评论其实是母亲吴人俊捉刀代笔的。[1]吴人俊的通文达理、援笔成章在圈内备受赞誉。

吴人俊之妹吴南英则先后就学于鼓浪屿毓德小学和慈勤女中，抗日战争断了她的大学梦。1937年她离开鼓浪屿到槟城投奔姐姐。在槟城她遇到了事业刚刚起步的华侨青年陈火炎。清丽温婉的吴南英没有嫌弃陈火炎文化程度不高，她更看重的是陈火炎的聪明勤奋、善良正直。婚后，她和丈夫携手创业，优势互补，成就了一番事业。陈火炎作为著名实业家、社会活动家在槟城华社备受敬重，受封拿督斯里。[2] 他们的儿子陈达怀是留美博士，近十多年来一直代表马来西亚企业家出席ＡＰＥＣ峰会。

谈及通晓中英文的鼓浪屿名媛，不能不提厦门大学创校校长林文庆的夫人殷碧霞。1884 年，殷碧霞出生于鼓浪屿。她 8 岁入怀仁女学，14 岁就读漳州中西学堂，16 岁考取福州美以美教会英文女学，毕业后成为厦门第一位华人女教师，在厦门女子高等学校任英文教师。1908 年与林文庆结婚后移民新加坡，她依恋故土，时常往来于新加坡与鼓浪屿之间。1909 年，殷碧霞在新加坡《海峡华人年刊》上以英文撰写了《鼓浪屿》一文（译文附后），字里行间洋溢着对家乡自然人文环境的无限热爱与眷恋。

殷碧霞不仅柳絮才高，且具侠骨义胆。1913 年她在厦门创办养老院，成立保良所，为孤寡、弱女撑起一片天空。1921 年至1937 年，林文庆担任厦门大学校长，她随同定居在鼓浪屿，一起度过那辉煌开局、艰难支撑的呕心沥血的 16 年。在厦大经费困难之时，林文庆捐出自己全年的 6000 元薪金，殷碧霞亦捐出私房积

1908年，林文庆迎娶鼓浪屿名媛殷碧霞，婚后不久夫妇同往欧洲，此照摄于欧洲。（引自《林文庆的思想》）

蓄 1350 元。[3]1937 年，林文庆卸下校长重任，殷碧霞随夫返回新加坡，离厦前把自己的钢琴赠送给哥哥殷雪圃。这架钢琴陪着鼓浪屿一名殷姓男童的成长，那就是殷碧霞的侄儿、后来蜚声中外乐坛的一代钢琴家殷承宗。

回到新加坡，殷碧霞一如既往热心服务社会，被推选为新加坡华人妇女协会会长，发起创办华人孤儿院，为首任院长。1938 年，受英殖民政府委任成为首位星马华人妇女监狱视察员和青年犯罪法庭顾问。1948 年，受英皇乔治六世封为太平局绅。

如果说殷碧霞扎实的英文功底早就人尽皆知，那么黄萱深厚的国学修养，则是在多年后才众口相传。

黄萱是华侨企业家黄奕住的掌珠。当她尚在闺阁之中，黄奕住便为她重金延请家教教授国文、英文、音乐等课目。其中不乏像鄢耀枢、贺仙舫这样的老儒名士。黄萱国学、诗词的修养远超同辈，才思敏捷。她以学识见地择婿，与厦门教育界耆宿周殿薰之子周寿恺成就一段姻缘。抗战期间，周寿恺协

晚年的殷碧霞与林文庆。
（引自新加坡《海峡时报》
2008年4月8日）

助林可胜建立了中国红十字会的战地救护系统，黄萱携子带女辗转西南大后方，艰苦共尝。1951年，周寿恺任岭南大学医学院院长时，黄萱已在家操持家务多年，才华已玉韫珠藏。偶然的机会，陈国桢教授的夫人关颂珊将她推荐给国学大师陈寅恪试任助手。陈寅恪在黄萱身上感受到他最欣赏的"门风家学之优美"[4]，欣然请揖进门。1955年，在陈寅恪力主下，中山大学正式聘请黄萱为陈寅恪专任助教。黄萱的工作成绩，《陈寅恪的最后20年》一书有如此评论："如果陈寅恪晚年所找的助手不是黄萱而是其他人，则陈氏晚年著述便无法预料了。"[5]而陈寅恪在《关于黄萱先生工作鉴定意见》里更有这样的文字："（黄萱）帮助我工作将近十二年之久，勤力无间始终不懈……学术程度甚高。因我所要查要听之资料全是中国古文古书，极少有句逗，即偶有之亦多错误。黄萱先生随意念读，毫不费力。又如中国词曲长短句亦能随意诵读，协合韵律。凡此数点聊举为例证，其他可以推见。斯皆不易求之于一般助教中也。……黄先生又能代我独立自找材料，并能供献意见修改我的著作缺点，及文字不妥之处，此点尤为难得。……我之尚能补正旧稿，撰著新文，均由黄先生之助力。若非她帮助我便为完全废人，一事无成矣。"[6]

陈寅恪大师的手稿倘无黄萱协助整理，必非今日之全貌。而华侨领袖陈嘉庚的著作《南侨回忆录》手稿，则全赖另一位鼓浪屿女子，才于乱世中得以保全。她就是留法画家郭应麟的夫人林翠锦。

林翠锦是陈嘉庚的儿媳王素虹、王素月、周明真的表妹，生长在鼓浪屿，在鼓浪屿接受启蒙教育，后就读于集美师范学校，一向仰慕校主陈嘉庚。抗战期间，陈嘉庚挺身而出，组织领导了南洋华侨筹赈祖国难民总会（简称南侨总会），号召南洋各地华侨为抗日救亡捐钱出力。日军入侵新加坡后，视陈嘉庚为肉中刺，必欲除之而后快。陈嘉庚只得隐名更姓，避匿印尼。在印尼期间，甘

有胆有识，冒险掩护、照顾华侨领袖陈嘉庚的郭应麟、林翠锦夫妇。
（陈嘉庚纪念馆供图）

冒生命危险，掩护、照顾陈嘉庚的，便有这名自鼓浪屿移民印尼的默默无闻的林翠锦。她和丈夫郭应麟与校友黄丹季一道多方接应、掩护陈嘉庚，几度遇险，几度化险为夷。期间，陈嘉庚撰写了几十万字的《南侨回忆录》。

抗战胜利，陈嘉庚返回新加坡之前，将他亲撰的《南侨回忆录》手稿（备份）托付林翠锦，几十年间，任凭印尼社会动荡、风云突变，林翠锦信守承诺，冒着危险精心保护手稿。1982年，通过香港友人，几经辗转将珍藏了几十年的手稿完好无损地交给集美学校委员会。如今这份珍贵的手稿作为镇馆之宝珍藏在陈嘉庚纪念馆里。

流逝的时光淡化了鼓浪屿群媛渐行渐远的身

影，我们仅能透过一个个蕴秀噙香的名字遥想她们当日的雅致风华——无论她们出自于书香门第，而花落椰风胶雨中的华宇小楼；抑或生长在西式洋房，嫁入钟鸣鼎食的本地大户，她们可谓亦淑女，亦美眷，是当年鼓浪屿岛上一抹特别的秀色，亦是今天琴岛上流传的一段段不刊的传说。

注释：

[1] 飞扬：《许子根的从商为善》，马来西亚《光明日报》2005 年 2 月 27 日"横刀立马"专栏。

[2] 马来西亚国家和州政府为了褒奖对社会经济发展贡献较大又乐善好施的成功人士，赐予等级不同的荣衔。国家元首封赐的有敦、丹斯里；州元首封赐的有拿督斯里、拿督等。

[3] 沈卢：《殷碧霞女士事略》，《厦门文史资料》第 15 辑，厦门市政协文史委 1989 年 10 月出版，第 121 页。

[4] 陆键东：《陈寅恪的最后 20 年》，生活·读书·新知三联书店 1995 年版，第 65 页。

[5] 同注 [4]，第 69 页。

[6] 同注 [4]，第 426 页。

附：1909年殷碧霞笔下的鼓浪屿

鼓 浪 屿

原作　殷碧霞　译文　陈煜

　　鼓浪屿是个非常小的岛，位于中国东南沿海的厦门口岸。

　　这里气候宜人。夏日有着清爽的微风，冬天无雪，也不寒冷。对于中国的港口而言，它是极好而健康的地方。

　　这里的景观迷人。岛上主要有四座山，还有一些较小的山丘。其中三座因着不同的形状而得其中文名称。几乎每家每户都能看见这些山，因为它们离住家都不远。山上多石而少树，巨大的岩石覆盖了山顶和山坡。很早以前，这个岛为世人所忽略，没有房子，但中国人把它用做坟地，山上遍布着离奇精巧的坟墓。

　　这里的住家很舒适。其中一些是中国式的，只有一层高。现在这个美丽的小岛为很多人所喜爱，也变得拥挤了，人们不得不兴建两层高的楼房。但一楼作为卧室来用是相当安全的，因为并不潮湿。60年前很少有中国人想要住在那里，只有一些房屋的废墟，那是小刀会驻扎时所毁掉的。但现在已经看不到这些废墟，它们已经被新建筑所取代。

　　道路非常陡和窄。岛上没有马车和汽车，但有着非常舒服和安全的轿子，轿夫都很强壮，步履稳健。每个轿子有两个杠，由

147

两人抬着。

岛上少有强盗和小偷，甚至在黑暗处也能安全行走。道路干净整洁，维护得很好。夜晚出外散步是很愉快的，可以看到大海、附近的岛屿和远处的山脉，景色非常壮观。

这里有为男孩和女孩而设立的好学校，也有一个幼稚园吸引了许多幼童。超过 100 个幼童，为温柔的心以最体贴的方式所照顾着。在这里的教育机构并不比福建省其他地方差，学院和学校中的学生接受中英文教育。

岛上有三个教会，每个都有自己的教堂。协和教堂一星期开放两次，以英文做礼拜，因为它的成员都住在附近，所以当教堂钟声响起的时候，整个街区的人都能听到。另外两个教堂也总是人满为患，大部分来参加教堂活动的人是学生，还有少量岛上的基督教徒。当学生假期返回在大陆上的家时，这两个教堂就合并使用。

岛上的居民来自不同地方，因此人口很混杂。大部分的居民是商人，但也有一些农民住在靠海的村子里。靠近主要登陆点的商店，比起厦门岛上的商店来说是又小又破。

下午的时候，欧洲人和日本人会在岛上散步。无论年轻人还是老年人都喜欢到海边去，那儿的景色真是很壮观。迎着凉风，看着潮水涌上岸，浪花拍打着附近的岩石，雪白的泡沫四处散开，此情此景是多么让人喜悦。我们鼓浪屿的孩子喜欢在海滩上玩：他们沿着海滩奔跑，捡起各种形状的贝壳，在沙上挖井，在柔软的沙滩上用木棍写字。看着孩子们沐浴在金色的夕阳下，这样的景色是如此让人陶醉。孩子们看到汽轮或是小船经过时，总是开心地拍着小手，时常饶有兴致地看着舢板往来厦鼓之间。

从岛中心走到任何一座山大约需要 15 分钟。站在山顶上，你就高于所有的房子，可以俯瞰全岛的美景，极目远眺，你也可以看到许多大小不同形状各异的岛散布在海面上。

　　我们过海港的时候通常乘坐一个人摇的舢板，船身是用绚丽的色彩画的，这是在中国或是海峡殖民地可以找到的最舒服和干净的舢板了。

　　简而言之，鼓浪屿是个风景秀丽的地方，我的言语无法描绘在这里所能见到的美丽景色，这是常人无法用笔墨来形容的。我邀请所有的人都来这里亲眼看看，用我们中国人的谚语来说是"百闻不如一见"。

原作载 1909 年新加坡《海峡华人年刊》

译文引自《厦门晚报》2006 年 11 月 27 日第 17 版

（译者系新加坡国立大学亚洲研究院博士后研究员）

参考文献

宋哲美．星马人物誌（第 2 集）．香港：东南亚研究所，1972

林语堂．人生不过如此．西安：陕西师范大学出版社，2007

施建伟．林语堂传．北京：十月文艺出版社，1999

宋哲美．星马人物誌（第 3 集）．香港：东南亚研究所，1985

厦门大学一九三六级毕业纪念刊．厦门：厦门大学，1936

彭一万．厦门音乐名家．厦门．厦门大学出版社，2007

朱立文．从鼓浪屿到新加坡．厦门：厦门大学出版社，1995

邱荣章等编．菲律宾华侨与抗日战争．香港：香港荣誉出版有限公司，1999

宋旺相．新加坡华人百年史．叶书德译．新加坡：新加坡中华总商会，1993

洪卜仁．厦门名人故居．厦门．厦门大学出版社，2007

厦门华侨志编委会．厦门华侨志．厦门：鹭江出版社，1991

陈金烈主编．香港厦门联谊总会特刊．香港：香港厦门联谊总会，1994

于长庚．海外华裔典范于长城．菲律宾：于以同基金会，1997

于长庚．忠魂毅魄于以同烈士与华侨商报．菲律宾：于以同基金会，1997

赵德馨．黄奕住传．长沙：湖南人民出版社，1998

吴体仁. 殖产橡胶拓荒人. 新加坡：世界书局有限公司, 1966

陈嘉庚. 南侨回忆录. 新加坡：陈嘉庚基金会等, 1993

李元瑾. 林文庆的思想——中西文化的汇流与矛盾. 新加坡：亚洲研究学会, 1991

潘翎主编. 华侨华人百科全书. 香港：三联书店（香港）有限公司, 1998

宋蕴璞. 南洋英属海峡殖民地誌略. 厦门：蕴兴商行, 1930

李锐. 李清泉传. 海口：海南出版社, 1999

龚洁. 鼓浪屿建筑丛谈. 鹭江出版社, 1997

泉州市华侨志编委会. 泉州华侨志. 北京：中国社会出版社, 1996

陆键东. 陈寅恪的最后20年. 北京：生活读书新知三联书店, 1995

泉州市志编委会. 泉州市志. 北京：中国社科出版社, 1999

厦大校史资料（1）. 厦门：厦门大学出版社, 1987

厦门大学学报（哲学社会科学版）. 厦门：厦门大学, 2006（5）

中国大学教学. 北京：高等教育出版社, 1999（5）

厦门市政协文史和学习宣传委员会. 厦门文史资料（1—23）

政协鼓浪屿区委会. 鼓浪屿文史资料（1—10）

政协南安县文史委. 南安文史资料, 1983（4）

政协泉州市文史委. 泉州文史资料, 1982（10）

后 记

颜允懋／颜如璇／颜园园

著

2008年颜如璇受托撰《鼓浪屿侨客》。交稿日近，却受困一屡难竣工的大型展览，急向兄长颜允懋求援。甫开工，允懋染恙，病势汹汹。园园闻讯回国探父，侍奉病榻，且应邀加盟。于是，兄妹、父女、姑侄携手走近小岛的陈年往事，走近先辈的传奇人生；于是，一个不小的组合打造了一个不大的工程。

终于，文稿杀青，允懋康复，幸甚！

轻轻地点击鼠标，悄无声息地，电脑屏幕上出现"邮件发送成功"的提示。长长地舒了一口气：交稿了，解脱了。

然而，笔下的鼓浪屿并未随书稿在脑海消失，几十年前那些人和事像枝枝蔓蔓的青藤，缠绕着我们的思绪，从白昼到梦中。

从小我们就被告知，鼓浪屿曾经是世界上钢琴密度最高的地方，这很让我们自豪了一阵子。

可是从来没有人告诉我们，尽管鼓浪屿并不是钢琴交易市场，为什么却有那么多钢琴要飘洋过海，挨挨挤挤地聚集在这个不大的小岛上。

现在明白了，鼓浪屿这座钟灵毓秀的小岛曾经孵育了许多杰出的人才，也许还曾经是世界上财富密度最高的地方。

对鼓浪屿来说，钢琴仅仅是一个符号，一个象征。作为一个与生存无关的非必需品，它象征着岛上居民生活的富足；其次，作为乐器之王，它象征着衣食丰足的人群对精神更高层次修养的追求；最后，作为纯粹的舶来品，它象征着西方文化在这个小岛的深远影响。

那一台台价格高昂的钢琴，是近百年前这座小岛上一户户人家的修养与财富的缩影。那流淌环绕的琴音背后，有一颗颗从这个岛上升起的灼灼明星。

就说从鼓浪屿走出的人才吧，随口就可以再说出几个：妇产科专家林巧稚、钢琴教育家李嘉禄、体育教育家马约翰、声乐家林俊卿……在各自领域里，他们哪个不是泰斗级别的人物？

至于财富更不必说，早在 1920 年的哈钦森笔下就有这样的记载：不算加利福尼亚的帕萨迪纳，鼓浪屿的富人比地球上任何地方都多！[1] 且不说黄奕住从鼓浪屿投资创办银行、投入厦门市政公共建设的巨额资金，单就上世纪二三十年代拔地而起的一千多幢别墅，那需要何等雄厚的资金来支撑呵。

这个岛屿上，曾经有过那样鸾翔凤集的时光。

而今，昔日的财富已随风逝去。当优美的琴音不再流淌于鼓浪屿的巷弄之间；当人才依然从鼓浪屿向世界出发，世界的精英却不再向这里汇集；当鼓浪屿的石板路上熙熙攘攘的都是好奇的游客，别墅小楼里却独缺华贵雍容的主人……我们不得不遗憾地承认，鼓浪屿的传说已成绝响。

或许那个鼓浪屿，只能在上个世纪 20 年代一位名叫亨利·贝尔曼（Henry Beltman）的传教士笔下，还能略窥一二。

亨利·贝尔曼是这样写的："生活在鼓浪屿就是生活在一个兴盛、富有而又优裕的社区中，同时还能与整个世界保持着联系。鼓浪屿是这么一个小岛：它在大厦门港的中部。环岛散步一周长约五英里。许多富人居住在这儿，他们在菲律宾、荷属东印度群岛和仰光等地积聚起了财富。据估计，有四百万闽南华侨住在远东。他们多是非常成功的商人。在变得富有后，他们便回来居住在鼓浪屿，受着国际条约的保护……在这个小岛上，生活十分安全……" [2]

历史不可能再复制，但历史值得我们深思。

　　这本小书能够定稿乃至付梓，与多位学界宿老、前辈的大力帮助密不可分。本书构思时，即承蒙福建省社科院原副院长黄猷先生以他渊博的学识与独到的视角，对本书的立论、选材等提出宝贵的指导性意见；书稿初成，黄猷先生又致力审正并惠赐序言；厦门大学陈明光教授，以严谨的治学精神，耐心而细致地帮助审阅稿件并提出多处修改意见；厦门文史专家洪卜仁先生、何丙仲先生，如数家珍的介绍、并建议增补人物、热心提供珍贵史料等。在此谨向上述诸位敬表最深切的谢意！我们还要真诚地感谢厦门市社科联的精心组织与多方支持；感谢华侨博物院，感谢陈佩仪小姐、陈立人先生、洪卜仁先生、何丙仲先生、丘鼎民先生、白桦先生为本书提供珍贵的照片，他们的慷慨，为本书增添了诱人的亮色。本书的编撰过程中，参考了洪卜仁先生、赵德馨先生、彭一万先生、朱立文先生、何丙仲先生、龚洁先生等多位前辈的著作与资料，在此，一并致以衷心的感谢！

　　由于笔者学识有限，本书也是仓促成稿，文中谬误实属难免。希望读者能不吝珠玉，多多指教。

作者

注释：

[1]（美）潘维廉：《魅力鼓浪屿》，吴亚宇等译，厦门大学出版社2005年版。

[2] 颜园园译自：Henry Beltman：《90 Years with Uncle Henry》，Robert Schuller Ministries，1984 Chapter 17。

图书在版编目(CIP)数据

鼓浪屿侨客/颜允懋,颜如璇,颜园园著.—厦门:厦门大学
出版社,2015.11

(2015年同文书库.鼓浪屿历史文化系列)

ISBN 978-7-5615-5801-0

Ⅰ.①鼓… Ⅱ.①颜…②颜…③颜… Ⅲ.①华侨-生平事迹-厦门
市 Ⅳ.①K828.8

中国版本图书馆CIP数据核字(2015)第 272023 号

官方合作网络销售商：

厦门大学出版社出版发行

(地址:厦门市软件园二期望海路39号 邮编:361008)

总 编 办 电 话:0592-2182177 传真:0592-2181406

营销中心电话:0592-2184458 传真:0592-2181365

网址:http://www.xmupress.com

邮箱:xmup @ xmupress.com

厦门集大印刷厂印刷

2015 年 11 月第 1 版 2015 年 11 月第 1 次印刷

开本:889×1194 1/32 印张:5.25 插页:2

字数:160 千字

定价:40.00元

本书如有印装质量问题请直接寄承印厂调换